中国这么美的30个自治州

U0864904

带一本书去迪庆

祁继先 著

中国民族文化出版社
北 京

圣地欢歌

邂逅迪庆，香格里拉的前世今生

跨入21世纪，地处中国滇西北的金沙江、澜沧江、怒江三江流域，发生了两件关乎迪庆的重大国际新闻：一是2001年12月17日，经国务院批准，云南省中甸县更名为香格里拉县；二是2003年7月2日，联合国教科文组织第27届世界遗产大会一致通过，将中国云南省西北部的“三江并流”自然景观列入联合国教科文组织的《世界遗产名录》。

这两条重大的新闻，无疑给探险家和旅行家们注射了一剂强劲的兴奋剂，一时间，中外旅客纷至沓来，云集滇西北，寻找各自心中的香格里拉；两条重大的新闻，如同春风化雨，为迪庆这片默默无闻的世外桃源带来了前所未有的活力……

此前，1997年9月14日，在庆祝迪庆藏族自治州成立40周年的新闻发布会上，云南省政府向世界郑重宣布：经过多年找寻，多方论证，人们苦苦寻觅的詹姆斯·希尔顿笔下的“香格里拉”终于找到了，它就在中国云南省迪庆藏族自治州。也是在40年前的1957年9月，迪庆首任州长松谋活佛受命为新成立的自治州起名，他以渊博的佛学知识，深入研究中甸、德钦、维西三县的历史和现实，并反复征求各方意见，最终以“迪庆”二字请示丽江人民行政专员公署和云南省委同意，定名为“迪庆藏族自治州”。“迪庆”藏语意为极乐太平——吉祥如意的地方，此名很好地体现了迪庆的自然人文特点，与香巴拉传说、香格里拉故事一脉相承。“迪庆”在《藏汉英词典》里注释为“世外桃源”，从今天看来，松谋活佛几乎预见到了40年后的“迪庆香格里拉”，希尔顿小说中描绘的“香格里拉”不仅没有消失，反而随着这世人向往的“世外桃源”最终定格在云南的这块雪域高原上，更使得迪庆获得了极高的知名度和发展机遇。

迪庆确实找到了一个前无古人的金字招牌，而且它非常恰当地根植于这片适当的土地上。不过，有人会提出这样的疑问：迪庆的雪山有冈仁波齐一样出名吗？迪庆的湖泊有玛旁雍错和纳木错湖一样的壮阔、有名气吗？迪庆的峡谷有雅鲁藏布江大峡谷壮观吗？迪庆的海拔有阿里高吗？迪庆的草坝有羌塘草原大吗？的确，论山，没有任何一座雪山出名如梦幻中的冈仁波齐；论高原湖泊，香格里拉的湖泊实在难望玛旁雍错和纳木错湖的项背；论高原，如何能与世界屋脊的屋脊阿里高原相提并论；论峡谷，迪庆的峡谷确实没有雅鲁藏布江大峡谷气势宏伟；论草原，哪能与西藏无边无际的羌塘草原相媲美？这样的比较是否意味着香格里拉大概是徒有虚名了？不，绝对不是！就单项比较，香格里拉的山水可能不是最美者，但是，香格里拉的自然景观奇在它拥有最齐全的资源，具有一份与众不同的独特魅力。香格里拉的完美就在于它几乎拥有一切，一种综合性的优势，成了它独特的长处。游客在最短的时间里领略到雪域高原上的几乎所有景观——雪山、草原、湖泊、峡谷、原始森林、寺院、村落，等等。另外，迪庆还有其他藏族聚居区不可比拟的地理优势：海拔落差大。在这里游客不必担心高原反应，如果真的发生了严重的高反，要不了一小时车程，你可以从海拔三四千米的高原下到海拔 1800 米的安全地带——河谷地区，无后顾之忧。因此，迪庆香格里拉是此生想去领略青藏高原风光和藏族独具特色的风土人情，又不用担心

春天里的香格里拉 香格里拉摄影家协会／供图

高反的游客们的最佳选择地。

迪庆位于“三江并流”世界自然遗产的核心区，拥有“香格里拉”“三江并流”“梅里雪山”“滇藏茶马古道”四大世界级的旅游品牌，被誉为“云南旅游皇冠上的明珠”。今天的迪庆有着比希尔顿的小说更为丰富多彩、更令人感叹入迷的自然景观和人文风情。在这里，可以欣赏到日照金山的壮观景象，感受五六月杜鹃盛开的山花烂漫，体验金秋十月层林尽染的童话世界……香格里拉光彩照人，无与伦比！游客能真真切切地感受到香格里拉浑然天成的美，感悟到精神家园的灵魂所在，深度体验有一种叫云南的生活——世界的香格里拉！

由于受地势、地貌及气候因素的影响，迪庆全境形成了垂直分布的五种生态环境：极高寒地区，海拔 5000 米以上，雪山冰川，终年高寒积雪，空气稀薄，日照强烈，气温变化大，人迹罕至；高寒地区，海拔在 4000 米至 5000 米，大面积的原始森林、高山牧场及流石滩，高寒缺氧，人类活动稀少；寒温带高海拔坝区，海拔在 2800 米至 4000 米，高山、亚高山及高原盆地，绝大多数藏族居住在这一带，一直沿袭了半农半牧的生活形态及生产方式，养殖牦牛、犏牛、骡马、绵羊和猪等牲畜；种植青稞、藜麦、蔓菁、土豆等农作物；温带亚高山地区，海拔在 2200 米至 2800 米，主要居住着藏族、傈僳族、彝族、苗族、普米族、回族等，以农业为主，种植小麦、玉米、荞麦、青稞、燕麦、蔓菁、土豆等农作物，养殖牛、马、羊等牲畜；河谷地区，海拔在 1468 米至 2200 米，主要聚居的民族有纳西族、白族、汉族等，以农业为主，种植稻谷、小麦、玉米等农作物，养殖黄牛、骡马、毛驴等牲畜。

迪庆全境涵盖在“三江并流”自然遗产保护区的范围内。“三江并流”地区“四山”中的怒山、云岭、中甸大雪山和“三江”中的澜沧江、金沙江，均在迪庆境内，整个地势由北向南逐渐降低，其地理地貌特点可概括为“三山夹两江，外挂一草坝”。

三山夹两江：怒山山脉、云岭山脉和大雪山山脉纵贯南北、并列而行；金沙江和澜沧江犹如两匹骏马在三山之间扬鬃飞蹄，奔腾南下。三大山脉中海拔 4000 米以上的山峰就有数百座，梅里、白茫、格宗、纳雅、甲壤、石卡、雅哈、哈巴、天宝、查布朵嘎等雪山矗立于群峰之上。这些雪山不仅是迪庆的地标，也是生物多样性的宝库：山脚下的峡谷地带，生长着种类繁多的亚热带、温带植物；山腰原始森林密布，苍苍莽莽；随着海拔的升高，植被逐渐过渡到针叶林、高山草甸，直至终年积雪的山巅，构成了一个完整的生态系统，成为动植物的家园。金沙江和澜沧江纵贯迪庆全境，无数条支流密如蛛网，为这片土地带来了无限生机与活力。两江峡谷地带，地形险峻，风光旖旎，是探险和科考的绝佳之地。

外挂一草坝：“三山夹两江”之外的东南面雪山中有一块长约 50 千米、宽约 20 千米的大草原，即中甸坝子（结塘草原和洋塘草原的合称），其间分布着众多高原湖泊和各种类型的高原湿地。这片开阔的草原盆地，是香格里拉农牧业的基地，亦牧亦农，养育了世世代代的高原人。草坝上，藏族村寨星罗棋布，传统的藏族建筑风格与周围的自然景观相得益彰，构成了一幅幅如诗如画的自然画卷。

“三山两江一草坝”的布局形成了香格里拉独特的地理格局——雪山雄伟，江河壮丽，土地肥沃，资源富集，生物多样，展现了大自然的神奇和美丽。这里的每一座山，每一条江河，每一片草原，每一个民族，都有一段古老的故事；这里的每一处风景，每一次体验，都将让你对这片神奇的土地产生无尽的向往。

香格里拉，正在走出云南、走出中国，成为展示中国美丽自然风光、多元文化、中华民族共同体的重要窗口，成为世界瞩目的香格里拉。

香格里拉，一个充满神话色彩的名字，一个让世人向往的地方，迪庆各族人民的美丽家园，心中的日月。

香格里拉，一个和谐的共荣体，这里尊重自然，尊重生命，将自然视为生命的源泉，守护蓝天，守护绿色，人与自然和谐共生。

香格里拉，一个和谐的共同体，这里，各民族彼此尊重，互相学习，祥和共融，共谱中华民族大团结盛世篇章。

香格里拉，一个和谐的共存体，这里，多宗教共存共荣，信仰的多样性编织出一幅美丽的画卷，人间乐土在此中。

香格里拉，一个神秘而静谧的世外桃源，旅行者的目的地，诗人和画家的灵感之源，朝圣者的心灵归宿。

香格里拉，一个令人魂牵梦绕的天堂，她那惊世骇俗的美丽，让你不由得匍匐跪拜，将胸膛与大地贴近，把灵魂与天空相融，找到内心的宁静……

目录 | CONTENTS

CHAPTER 04

大峡谷，大自然的鬼斧神工

CHAPTER 05

湖泊，仙女遗落的明镜

CHAPTER 06

奇妙地貌，大自然的诗篇

CHAPTER 07

历史遗迹，岁月的低语

CHAPTER 08

迪庆非遗，璀璨的民族华章

CHAPTER 09

物产丰饶，大地馈赠

CHAPTER 10

舌尖上的盛宴，迪庆的味觉诗篇

后记

CHAPTER 01

香格里拉，梦幻之境

是和平绿洲，是世外桃源，是人间仙境。

纳帕海 李东红/摄

在 1933 年的世界文学天空中，一颗璀璨的星辰骤然升起，那就是詹姆斯·希尔顿的《消失的地平线》。这部小说以其独特的叙事手法和深邃的哲理思考，将遥远的东方神秘之地“香格里拉”带入了西方读者的视野。小说一经出版，立即成为当时最畅销之书，并获得当年英国著名的霍桑登文学奖；继而 1937 年，独具慧眼的美国好莱坞哥伦比亚电影公司斥巨资将《消失的地平线》拍成煌煌巨片，获得第十届奥斯卡最佳影片提名奖；其主题歌《这美丽的香格里拉》随即唱响五湖四海。一本小说，一部电影，一首歌曲，石破天惊，让“香格里拉”之名响彻全球。

《消失的地平线》向世人描绘了一个充满诗意和梦幻的“香格里拉”：20 世纪 30 年代初，南亚次大陆某国巴司库市发生暴乱，英国领事馆领事康威等四个西方人从巴司库坐飞机去白沙瓦

进入香格里拉之门

香格里拉之春

时，飞机被劫持，偶然来到了一个四面雪山环绕的神秘的蓝月山谷——香格里拉。蓝月谷底有金矿，喇嘛寺领导着整个山谷，在这个似乎与世隔绝的地方，康威一行人受到了极好的接待。在香格里拉，雪山、冰川、峡谷、森林、草甸、湖泊等自然美景荟萃，清新空气沁人肺腑，金银矿藏造福人们；在香格里拉，居民是以藏族为主的多民族杂居，他们的信仰和习俗各不相同，但彼此和睦相处；在香格里拉，人们奉行适度的原则，知足常乐，和平共处，没有犯罪，充满宁静、和谐、美丽……小说以香格里拉为轴心，塑造了一个和平绿洲，世外桃源，人间仙境。

从来没有到过中国藏族聚居区的詹姆斯·希尔顿，何以创作出如此让西方人都梦寐以求的遥远的东方理想王国——香格里

香格里拉之夏 香格里拉作家协会 / 供图

拉？希尔顿的创作灵感和创作素材来自两个方面：一是藏族佛教文化中的理想净土“香巴拉”（意为“持乐世界”）；二是西方探险家、传教士、学者在中国藏族聚居区探险游历的大量游记和著作。

“香格里拉”这个词在历史上本来是没有的，其灵感来源于佛教的“香巴拉”。“香巴拉”也和“世外桃源”“乌托邦”“伊甸园”一样，是人类以自己的智慧和想象力，充分描绘和设计出来的美好的精神王国和人间仙境。公元前7世纪，佛祖释迦牟尼在古印度南方的“吉祥聚米塔”下，为香巴拉法王月贤及其九十六诸侯国王宣说密宗《时轮经》，从此《时轮经》成为香巴拉王国的精神食粮。《时轮经》于11世纪（1027年）传入雪域藏乡，引起了藏族人对香巴拉王国的向往。香巴拉王国隐藏在西藏北方的雪山深处的某个隐秘区域，整个王国四周被双层雪山环抱，状如八瓣莲花，花瓣之间河水周匝，居住着香巴拉的居民们，雪山中央平展的山顶上坐落着迦拉波王宫，住着香巴拉王国的历代国王；王国各地布满美丽的湖泊、湿地、草原、森林和果树；香巴拉王国用温和、适度、文明的法律来维持秩序，绝不使用捆绑、殴打等严酷的刑罚；香巴拉的居民有着超凡的智慧，摒弃了偏执、痴迷和贪欲；香巴拉没有贫穷和苦难，没有瘟疫、饥荒，也没有人与人之间的尔虞我诈，更没有嫉恨和仇杀……

1775年，第六世班禅额尔德尼·洛桑贝丹益希根据《大藏经》中有关香巴拉的经典，专门撰写了一部通俗的《香巴拉指南》，被公认是探寻香巴拉王国的权威著作。《香巴拉指南》指出：要想进入香巴拉圣境，需要经过许多高山和沙漠，克服无数的雪山

碧塔海 杨学先/摄

险峰和江河湖泊，除此之外，还必须得到香巴拉保护神的青睐和帮助，以降伏路途上阻挠行者前行的恶魔，才能最终顺利到达。在藏族聚居区，寻找香巴拉的风潮延续了几个世纪，一代又一代的藏族人探寻着，追寻着，企盼着，演绎了很多动人的传说。

藏传佛教的虔诚信仰者相信香巴拉王国是真实存在的。它到底在哪里？高僧大德能讲出香巴拉的各种传说，许多百姓也都在祈求来世转生香巴拉。要问香巴拉在何处？答案千奇百怪：有的说，香巴拉就在冈底斯山主峰附近的某个神秘地方；有的说，香巴拉在地球上，或是在地下，或是在空中，或是在一个奇妙的地方，只是因为有强大的咒力笼罩着，凡人看不见；有的说，在布达拉宫的地底下有一个秘密通道，直接通到香巴拉；也有人认为，香巴拉是未来佛的净土，是一个精神领域的世界，它在每一个人的心中，等等。要问香巴拉是什么样子的？回答几乎如出一辙：香巴拉没有贫富差别，没有嫉妒仇恨，没有疾病灾难；那里温暖如春，长年鲜花盛开；那里四季五谷丰登，满山瓜果飘香；那里人人长寿，寿命以数百年计算……

香巴拉王国神奇而美丽的传说，很早就传到了西方世界。从17世纪开始，一批批西方学者以传教、探险、游历等方式来到雪域藏乡，寻找香巴拉。他们根据文献记载，对印度菩提伽耶金刚座以北地区、尼泊尔、巴基斯坦、伊朗，甚至蒙古、哈萨克斯坦、俄罗斯等地进行探寻。有的探险家声称找到了香巴拉，但都没能明确展示在世人面前。其中最让人感动的是苏联探险家尼古拉·雷里西，他不放过任何记载中可能存在香巴拉的位置，他探寻香巴拉的整个旅程可谓惊心动魄，碰到强盗28次，遭遇雪崩

飞马拾银

6 次，在戈壁滩上和沙漠里数度迷路。但他坚信自己一定会找到香巴拉，他凭着顽强的信念和超人的毅力，穿越塔里木大沙漠、蒙古高原和西伯利亚，克服了常人难以想象的困难。最终，尼古拉·雷里西消失在了寻找香巴拉的路上。他的同事彼得·沃兹在日记里心情十分沉痛地写道：“也许，他让香巴拉人带走了。”由香巴拉之谜引出的关于理想国的阐释，出现在国外很多历史学家、哲学家及探险家的著作中。

从 19 世纪中后期到 20 世纪前半叶，外国传教士和探险家就开始在滇西北、川西及西藏探秘，他们中的许多人写出了大量的游历文章，在西方报刊上发表。其中最著名的是美籍奥地利探险家、人类学家、植物学家约瑟夫·洛克，他曾以美国《国家地理》杂志、美国农业部、哈佛大学植物研究所的探险家、撰稿人、

祥云瑞气

迪庆飞机场

香格里拉和谐塔中塔

摄影家的身份在云南滇西北地区考察、生活了 27 年，他的许多文章在美国《国家地理》杂志和西方世界发表，引起读者的极大关注，这些游记为詹姆斯·希尔顿提供了极好的创作素材。

詹姆斯·希尔顿敏锐地从古老遥远的佛教经典“香巴拉”传说里撷取出永恒的艺术素材，将这个神秘乐园的佛学理念、佛教思想移植到了他的小说里，又将 17 世纪以来寻觅香巴拉的外国探险家和在滇西北藏族聚居区考察的探险家、传教士、学者们的经历及描写的自然景观，尤其是洛克的游记作为小说的创作素材，巧妙地结合起来，创造出了一个充满东方文化的美好图景——香格里拉，为西方的文化价值观念植入了人间乐土的意境。詹姆斯·希尔顿的创新在于，他将古老的东方传说与现代人的生活焦虑相结合，使得香巴拉不再仅仅是一个宗教符号，而成了每个人心中渴望的“香格里拉”，一个理想与现实交织的梦境。它无疑给处在因经济危机而遭受巨大伤痛和恐慌中的西方世界带来了一股暖风，“香格里拉”便成了西方人眼中的“世外桃源”，成了 20 世纪人类追求的理想社会。从此，这一名词成了一种永恒、和平、宁静的象征。

当西方社会持续掀起寻找香格里拉热潮期间，睿智的华商郭鹤年先生在新加坡创办了香格里拉大酒店，将公众对香格里拉的想象和热情引向一个现实的具体文化商业品牌，并一举获得成功。“香格里拉”成为著名金字品牌，被广泛应用到全球各行各业的商业经营活动中，持续引发一些国家和地区争先进行香格里拉寻访活动。1957 年，印度国家旅游局公开宣布印度的巴尔蒂斯坦镇是“香格里拉”，随即吸引了大批游客，为印度创造了极

小中甸美景摄人心魄 李东红/摄

为可观的收入；之后，尼泊尔的木斯塘，又以“香格里拉”的名义迎来了成千上万的游客。但世人感到，并未找到真正的香格里拉，对于寻找香格里拉的热情丝毫也没有因时间的流逝而消退。20 世纪 90 年代，随着迪庆藏族自治州逐步对外开放，不少进入迪庆观光旅游的中外游客惊奇地发现迪庆简直就是《消失的地平线》中所描述的人间仙境——香格里拉！于是，迪庆政府抓住了这一千载难逢的机遇，通过对有识之士的访问、同游客的交流、到国外考察等方式，做了大量寻找香格里拉的基础性工作，并于 1996 年 10 月正式启动寻找香格里拉的考察工作。在寻找香格里拉的过程中，专家学者们惊奇地发现，中甸独克宗古城的名字与藏族古老的《苯教源流》中记载的“日月星辰”之说有着密切的联系。古时候，藏族人民崇拜给予光明和温暖的日月，在他们的心目中，太阳和月亮是人类生存和兴旺的保护神、希望之神。历史上，迪庆结塘的居民怀着对太阳和月亮无比崇敬的心情，给独克宗古城起了一个美丽的名字——日月城，它由“达瓦宗”（月光城）和“尼旺宗”（日光城）两个古城堡联结而成，象征着永不消逝的日月，以寄寓美好的理想——心中的日月。经过专家学者们深入细致的科考、评审，最终找到了世人梦寐以求的香格里拉。“香格里拉”成了迪庆的新称谓，慕名而来的寻梦者使这块昔日静谧的高原喧腾起来。

1997 年 9 月 13 日，在迪庆藏族自治州成立 40 周年的庆祝活动期间召开的新闻发布会上，云南省政府向世界郑重宣布，经过多年找寻，多方论证，人们苦苦寻觅的詹姆斯·希尔顿笔下的“香格里拉”终于找到了！这个令世人醉心向往、梦寐以求的人间乐土，就在中国西南的迪庆藏族自治州。2001 年 12 月 17 日，国务院正式批复同意将迪庆州首府中甸县更名为香格里拉县，2014 年 12 月 16 日，正式批准撤销香格里拉县，设立香格里拉市。香格里拉，这个漂泊了 70 多年的孩子，终于回到了母亲的怀抱。香格里拉，不再只是梦幻的香巴拉，也不再只是《消失的地平线》小说中华丽的英语词汇“世外桃源”，她已经实实在在地刻在了中国云南迪庆的版图上。迪庆得以戴上香格里拉桂冠，既是大自然的恩赐，也是历史文化的眷顾。

中国的藏族聚居区都有着连绵不尽的巍巍雪山，汹涌澎湃的大江大河，宁静幽深的湖泊，碧连天际的草原，以及勤劳善良的人民。但是，相比之下，迪庆的地形地貌、自然风光、风土人情、民族宗教等，更与詹姆斯·希尔顿笔下的香格里拉高度吻合：迪庆有金字塔般的雪峰，雄奇壮丽的峡谷，明镜似的高原湖泊，碧毯般的辽阔草甸，金碧辉煌的佛教寺院，安静休闲的古城，迪庆有着比小说更为丰富多彩、更令人感叹迷人的自然景观和人文风情；迪庆有汉族、藏族、傈僳族、纳西族、彝族、白族、回族、普米族等 16 个民族，千百年来，各民族在这块土地上交往交流交融，形成了具有本土特色的民族文化；迪庆有藏传佛教、苯教、东巴教、道教、伊斯兰教、天主教、基督教等多种宗教，佛教寺院、清真寺、天主教堂、道观，济济一堂，这种多宗教并存与相互交融的局面和文化现象，在中国藏族聚居区中唯有迪庆最为典型；各种民族、宗教、习俗在迪庆这块土地上和平相处，形成了独特的人文景观。这一切无不显示出一个远在东方崇山峻岭之中的永恒、和平、宁静的香格里拉，征服了寻觅香格里拉的人们，

无可辩驳地印证了《消失的地平线》中香格里拉的美好传说。

在香格里拉品牌落户迪庆之前，迪庆只是位于云南西北部大山深处的一个边远贫困的民族自治州。香格里拉这一名字让迪庆从封闭走向开放，并被世人所认识和关注，而香格里拉品牌的成功运作被公认是迪庆藏族自治州成立以来，最富远见和最为成功的战略策划，成功地将世人瞩目的香格里拉品牌落户迪庆，把迪

梅里雪山与白茫雪山 白继开 / 摄

庆推向了世界，从而开启了迪庆加快发展的快车道，带动和实现了迪庆一系列跨越式发展。从此以后，香格里拉与迪庆就紧密联系在了一起。迪庆过去发展的成功得益于香格里拉品牌的运作，迪庆今后的发展也离不开香格里拉品牌影响力的加持。

在今天的迪庆高原上，我们正在建设一个与中国梦融为一体的人世间的香巴拉——世界的香格里拉！

CHAPTER 02

一市两县，迪庆的多彩风华

踏上这片被称为“吉祥如意之地”的土地，你将邂逅无尽的美景。

香格里拉秋景

要是乘飞机到迪庆香格里拉观光，只要碰到好天气，当飞机飞越丽江地界时，从飞机上俯瞰大地，你会惊奇地发现，传说中的“香巴拉”就在眼前：四周由起伏连绵的双层雪山环绕，地形似八瓣莲花盛开。蓝天白云，雪山连绵不断，晶莹的雪峰似巨浪排空，最近处的雪山群是哈巴雪山和玉龙雪山，按顺时针方向望去，左前方是怒山山脉和云岭山脉，壮丽的梅里雪山和白茫雪山一前一后；接着右前方外围的雪山群是与迪庆接壤的甘孜州巴塘和理塘之间的康南第一峰，格聂雪山和稻城亚丁的三怙主雪山；内围有与云岭山脉连接的中甸大雪山环绕。

从飞机上你还能直观领略到迪庆胜似仙境的自然奇观：雪线之下，层林幽谷，林海莽莽，犹如起伏的波涛；一块块宽阔的草坝上浓淡深浅的色彩，层次分明，民居村落散落其间；星罗棋布的湖泊，恰似一颗颗蓝宝石镶嵌在山中、林间、草坝上，令人目迷神驰……迪庆就坐落在这个雪山圣地环抱的恰似“香巴拉”的地方，自古以来便有“吉祥如意的地方”之美誉。

踏上这片土地，你将邂逅无尽的美景。

香格里拉市：太阳初升处的晨光与诗意

过去，中甸有首古老的藏族民歌：“太阳最早照耀的地方，是东方的结塘；人间最殊胜的净土，是奶子河畔的香格里拉。”

在香格里拉市东面，横断山脉中以“横断之心”著称的沙鲁里山脉，龙行虎步，一路南下，到了甘孜与迪庆接壤的地方，把接力棒交给了中甸大雪山。中甸大雪山突发奇想，分成东西两路夹击中甸坝子，东路由迪隆、鲁子拉、天宝、哈巴等 12 座雪山组成，直抵长江第一湾，收住前进的步伐，回望威武的身姿，俯首痛饮金沙江水；西路由甲壤、东彩、纳雅、格宗、石中、色纽、石卡、雅哈等 14 座雪山形成虎踞龙盘之势，座座雪山就像串在丝线上的琉璃珠一样把香格里拉市环绕起来，使香格里拉市成为一个相对独立的地理单元。而金沙江则从唐古拉山主峰各拉丹冬雪山高原逶迤南下，切割横断山脉，穿山越谷，在德钦县羊拉入境云南，先后接纳了得荣的定曲河、玛依河和东旺的硕曲河之后，水势更加浩荡。由于受两个断裂带的影响，金沙江进入云

独克宗大龟山大佛寺

古城民居

古城一角

南后河道形成月弧形，从土照壁进入香格里拉市境，继续滚滚向南奔流，峡谷逐渐开阔，来到数百里之外的金江镇撒苏碧村和丽江的石鼓镇后，陡然来了个100多度的急转弯，转向东北，形成了罕见的“V”字形大弯，从东西南三面将香格里拉市环抱，形成了“雪山为城，金沙为池”的奇特胜景。

经文物考古工作者和文化人先后多次考察，发现了境内多处石棺墓和金沙江流域分布的诸多岩画，说明这个地方在旧石器时代晚期就有人类活动，到新石器时代，人类活动更为频繁。自古以来，藏语称这个地方为“结塘”，现在一般写作“建塘”。其实“结塘”二字，既符合本地发音，也符合藏语的发音。

相传结塘与巴塘、理塘是藏王三个儿子的封地，汉时为牦牛羌地，唐时属吐蕃神州都督地。“中甸”一词是纳西语的音译。明代，丽江木氏土司占领“结塘”长达一百年，给“结塘”取了个纳西语名“主地”，意为“酋长住地”，汉文写作“忠甸”。木氏取这一名称是颇有用心的，首先，深刻领会了藏文里“结”字的含义：胜利、广大、王。他没有用“胜利坝”“大坝子”这类词，而是用了“王”的含义，即“酋长住地”；其次，用“忠”字，表达了对明王朝的“忠诚”。清代改为“中甸”，建中甸厅，沿用“中甸”之名至更名为香格里拉县为止。

香格里拉市所属7乡4镇拱卫在中甸坝子四周：坝子中央是建塘镇，东面是洛吉乡，东南面是三坝乡，南面是小中甸镇和虎跳峡镇，西南面是金江镇，西面是上江乡和五境乡，西北面是尼西乡，北面是格咱乡和东旺乡。从南面进入香格里拉的大门是下桥头，这是一个历史悠久的古镇，而西北面出去的大门是尼西的上桥头，两个桥头之间的香格里拉市地域广袤，气候垂直，风景秀丽，宜牧宜农，物产极为丰富。

到香格里拉旅游，一下飞机或火车，第一眼看到的第一座雪山叫作“石卡雪山”。它坐落于神川铁桥东城独克宗与铁桥西城塔城之间，是连接吐蕃与南诏的纽带，东南与玉龙雪山遥相呼应，西北与梅里雪山遥遥相望，是吐蕃时期“滇藏茶马古道”进入藏族聚居区的第一座神山。这神山世世代代护佑着来往于“滇藏茶马古道”上的商贾们一路顺风、生意兴隆，故而被誉为“财神山”。

“石卡”，藏语意为“鹿山”，鹿在藏传佛教是吉祥动物之一，在藏传佛教寺庙的佛殿屋脊上和牌坊上装饰的“祥麟法轮”图，左右分别有牝牡马鹿，中为法轮，双鹿代表正在聆听佛祖讲经说法的芸芸众生，表示“吉祥长寿”。你若想体验香格里拉是雪山环抱的地方，了解中甸坝子的奥秘，最好的地点就是到石卡雪山顶峰，亲身体验一次雪山之巅激情的同时，观赏中甸坝子的壮美。

20 世纪 30 年代，国民政府代表刘曼卿女士进藏路过中甸，她在《康藏轺征》中对中甸是这样描述的：“自丽江西行，路皆巉岩峻坂，如登天梯老桧交柯，终岁云雾封滃，行者不见马首，几疑此去必至一混濛世界矣。讵三日后忽见广坝无垠，风清月朗，连天芳草，满缀黄花，牛羊成群，帷幕四撑，再行则城市俨然，炊烟如缕，恍若武陵渔父，误入桃源仙境……”当时从丽江进入中甸，道路无比艰险，可景色无与伦比。今天，小中甸草原的景色还是那样的惊艳，可是，交通已经发生了翻天覆地的变化，从昆明、大理、丽江到小中甸都有大巴、动车，交通十分方便，再

石卡雪山 李东红 / 摄

小中甸花海　吴春光 / 摄

也不用跟着马帮后面爬高山，走险路了。

从丽江到香格里拉市仅有180千米，沿途经过虎跳峡，即可来到海拔3200米的小中甸草原。这里东面有高耸入云的哈巴雪山，西边有海拔4200多米的雅哈雪山和茫茫林海，这片草原一直延伸到北部的建塘镇三村日甲山脚，沿途的自然景观和独特的藏族民风民俗已成为香格里拉旅游最重要的组成部分。小中甸，藏语叫“洋塘”，意为“又一块坝子”，洋塘坝子是迪庆高原最大的草原。洋塘草原接天际，花海芳菲如梦境。

小中甸镇位于独克宗古城南面，214国道贯穿全境，交通十分便利，它是进入香格里拉的南大门，由丽江进入香格里拉的必经之地。每年5月至8月，春夏交际的小中甸草原脱掉了厚厚的冬衣，远山近水到处是一派生机盎然的景致，公路两边的草坝上，杜鹃花、格桑花、中甸角蒿、毛紫菀花、鸢尾花、油菜花、金莲花，还有各种不知名的野花争奇斗艳，绚烂多彩，成为花的海洋，令人赏心悦目；而到了秋季，这里就又成了狼毒花的天下，坝子被狼毒花染成一片红色，异常绚丽；农田里成熟了的青稞变得一片金黄，阵风吹过，大片青稞像是在翩翩起舞，风里都是青稞的香味。小中甸的绝美景色，成为香格里拉一道最亮丽的风景线，被誉为“香格里拉的前花园”。

洋塘河像天上飘落的哈达，清澈纯净，从坝子中缓缓流过。两岸散布着藏族村落，藏式民居独特，草甸绚丽，田园风光优美。这里还有令人百看不厌的月亮湖，青稞架、悠闲的牦牛、成群的绵羊，也是这里的风景。

香格里拉独克宗古城，是东部藏族聚居区中唯一保存较为完整的特色高原古镇，享有“云南省历史文化名城”“中国魅力民族风情名镇”和“云南省茶马古道重镇”之称。唐代，吐蕃屯集数万吐蕃兵民于结塘坝子，并在大龟山上垒石筑寨堡，取名“独克宗”，藏语意为“石头上的城堡”，即“月光城”，是历史上著名的“铁桥东城”。独克宗古城从唐宋始便已成为滇藏茶马古道上的重镇，也是马帮进藏后的第一站。清雍正二年（1724 年）清兵驻守迪庆时，独克宗城池延伸到了百鸡寺山腰，城内有文武官署、仓库和马圈，大龟山上建起了供奉释迦牟尼金身铜像的大佛寺。到乾隆年间，独克宗滇藏商贾云集，一派繁荣景象。后因社会动荡，几遭劫难的独克宗古城破败不堪。1921 年，以大龟山为中心，重新修筑城池，古城的民居均为青色的土木结构藏族板屋式建筑，石板街道四通八达，围墙高 7 米，周长 2000 多米，有城门五道，碉楼 11 座。整个古城仍呈八瓣莲花状，与周围的雪山、草原更加相映生辉。

历史上，独克宗古城是西南与西北地区民族交往的重要通道，是滇、川、藏“大三角”的纽带、雪域藏乡与滇域各民族文化交流的窗口、汉藏友好的桥梁。这里还坐落着多家博物馆，它们宛如时光的容器，承载着香格里拉市的悠久历史与文化印记。如果时间允许，不妨走进其中，去探寻那些沉淀在岁月里的故事，感受这座城市深厚的文化底蕴。

民居、青稞架

迪庆红军长征博物馆位于古城中心的大龟山脚下，前身是独克宗古城的藏公堂，是古城居民祭祖诵经、集会议事、办理婚丧事宜的场所。藏公堂始建于清雍正二年，咸丰二年重修，同治八年毁于匪乱，光绪八年修复。藏公堂为三重檐歇山顶殿堂建筑，外观为汉式楼阁，内部则是藏式格局，壁画绘制精美，是一座汉藏建筑艺术风格完美结合的代表性建筑。1936 年，贺龙、任弼时、肖克等将领率红军长征经过中甸，设指挥部于此，并在此召开了著名的“中甸会议”。

迪庆藏族自治州博物馆，位于香格里拉独克宗古城月光广场旁，“迪庆红军长征博物馆”对面，建成于 2007 年 9 月，建筑面积 5420 平方米，是一座集文物征集、展览教育、学术研究、文化旅游于一体的地方综合性博物馆，收藏有石器、青铜器、陶器、佛像、唐卡、民族服饰、书画、钱币和民族文物藏品 10283 件套。该馆通过“自然的香格里拉”“历史的香格里拉”“文化的香格里拉”“今日的香格里拉”，展示具有云南迪庆特色的香格里拉的自然、历史、文化，以及自治州的成就。该馆为国家三级博物馆、省级科普教育基地、省级爱国主义教育基地、省级社会科学普及示范基地。

香格里拉茶马古道博物馆位于香格里拉市独克宗古城金龙街，是利用马铸材（泽仁桑珠）故居开办的专题性民办博物馆。博物馆内树立着我国著名藏族爱国华侨马铸材的雕塑，展出有他在茶马古道上奔走半个世纪、定居印度、捐资救国、开设中华学校的传奇故事，并收藏有他的遗物及相关藏品 460 件。

香巴拉文博中心藏文化博物馆坐落在香格里拉市长征路坛城

香格里拉文博中心

迪庆红军长征博物馆

时轮坛城

广场西侧，文博中心内设的“香巴拉藏文化博物馆” 主要展示有：高 20.5 米的时轮金刚像；时轮金刚立体坛城，直径 14.23 米，高 7.371 米，坛城共分 5 层，其上镶嵌有上千颗各类宝石，安放有佛、菩萨、天女、神兽等 1177 尊；藏族医药文化，展示有反映《四部医典》内容的手绘藏医药唐卡 175 幅；民族民俗文化展览。

古城里还设有迪庆州图书馆、迪庆州群艺馆、迪庆州藏医博物馆、香格里拉革命烈士陵园等诸多文化教育基地。千年古城独克宗，充满着古老的气息，承载着丰富的历史文化，散发着迷人的美丽。独克宗古城被称为“香格里拉之魂”，实至名归。

在独克宗古城以北 5000 米有座佛屏山，著名的噶丹·松赞林寺便坐落于佛屏山下。它是云南省级重点文物保护单位，被称为“小布达拉宫”。传说选寺址时五世达赖占卜求神，神谕示:“林木深幽现清泉，天降金鹫嬉其间。”寻之，果然在县城以北的“索茹”山前有一名为“拉姆央措”（仙女如意湖）的清澈湖水，湖内野鸭成群，四周茂林修竹，真乃天生祇园胜境。寺院于1679年在“索茹”山上原噶举派小寺的旧址上兴建，历时三年落成，占地500亩，五世达赖赐名“噶丹·松赞林”，迄今已有340余年历史。松赞林寺又称归化寺，是云南省规模最大的藏传佛教寺院，也是康区十三大名寺之一。

1936年5月，红军长征经过中甸，中甸好汉夏纳古瓦作为松赞林寺的代表拜会贺龙将军，三进红军临时指挥部。贺龙和肖克等红军将士应邀亲临松赞林寺拜访八大老僧，寺院破例举行跳神仪式隆重迎接贺龙一行。松赞林寺筹集军粮6万余斤支援红军北上抗日，解决了红军的燃眉之急。这一光辉义举，载入了革命史册。贺龙题赠“兴盛番族”锦幛成为镇寺之宝之一，每逢节日或迎接外宾，他们都把锦幛高高挂在大殿的正门之上。

松赞林寺建筑荟萃了藏族宗教文化的精华，造型丰富多彩的镀金铜瓦，殿宇屋角兽吻飞檐，金碧辉煌。扎仓、吉康两座大殿高高矗立于中央，八大康参、僧舍等建筑簇拥拱卫，高矮错落，层层递进，立体轮廓分明，充分衬托出了主体建筑的高大雄伟。主建筑扎仓藏语意为僧院，是僧众学习经典、修研教义的地方，可容纳1600人结跏趺坐（佛教术语，即互交二足，将右脚盘放于左腿上，左脚盘放于右腿上的坐姿）念经。两侧西厢的壁画雕饰精美琳琅，后殿供有宗喀巴、弥勒佛、七世达赖铜佛像，高三

噶丹·松赞林寺

僧众手持“兴盛番族”锦帐欢迎红军

大转经筒

丈有余，直通上层；中层有拉康八间，分别为诸神殿、护法殿、堪布室、静室、膳室等；前楼客厅供贵宾宴会及观赏金刚舞时使用。顶层正楼设精舍佛堂，供奉五世达赖、七世达赖佛像，以及贝叶经卷、唐卡、传世法器等。佛堂正南为高耸的钟鼓楼，清晨、正午、黄昏击鼓报时，声闻十里。

在香格里拉市境内东北方，距县城 75 千米处，有座尼汝村。这是一片宁静而神秘的藏族古村落，四周青山郁郁，绿水悠悠，原始森林遮天蔽日，林中栖息着诸多珍禽异兽；这里有被奉为神灵居住的胜嘎、琼日、苯杲、丹桑农布等神山，神秘莫测，傲然挺立；雪山脚下有令人惊艳的南宝、纳波、色列、叮朗等牧场，依山伴湖，风景如画。这里还保持着较为原始的民风民俗，每年 7 月的“登巴节”、10 月的“祭山跑马节”热闹非凡，赛马、斗牛、歌舞、敬神活动令人目不暇接。这里还有两处令人惊叹的大自然的神奇造化：七彩瀑布和“多吉帕姆乃”。

七彩瀑布是从琼日神山里涌出的一泓神泉，泉水在巢形台地上四处漫溢，形成银水金滩，然后从高高的台地垂直跌落到碧池河里。滴瀑、线瀑、帘瀑连线成片，形成 330 多米宽的环形水幕，在阳光照射下，彩虹环绕着瀑布，构成一幅壮观唯美的画卷，成为山谷中的绝色佳景。遥看，瀑布像金丝银线，动人心弦；近看，瀑布如飞珠溅玉，晶莹夺目；横看，瀑布似一幅巨大的水帘从天而降，雄浑壮丽；侧看，瀑布如巨柱擎天，美不胜收。身临其境，神清气爽，恍若仙境，超然物外。

“多吉帕姆乃”是藏语，意为金刚亥母洞，俗称仙人洞。这里茂林葱郁，浓荫蔽日，洞穴深深，怪石嶙峋，给人虚幻、独奇的感觉，成为转山、膜拜的胜地。抬头仰望，多吉帕姆乃如同天降，镶嵌在万仞峭壁间，悬崖陡峭，古木参天，栈道悬空。从公路边开始挑战七八十度的陡坡，登石阶，走栈道，过天桥，爬悬梯，最后到达溶洞内。这是一个天然的幽深而又开阔的喀斯特洞穴，洞内无数个形态万千的钟乳石从上往下垂直林立，各呈异状，妙趣天成，引人入胜。水珠顺着钟乳石不停往下滴，天长日久，形成一层层雕塑般的台幔和大小各异的钙化池，犹如琼台玉池，叠层而起，流光溢彩，让人目不暇接。幽深处下滴水珠似琼浆玉液，顺着钟乳石滴入钙化池，点点滴滴，叮咚作响，在浅唱低吟间，玉池中泛起层层鳞波……每逢农历正月初二、正月十五、七

尼汝村 康卓泽仁 / 摄

尼汝七彩瀑布

尼汝帕姆乃（金刚亥母洞）

月十五，人们扶老携幼，纷至沓来，煨桑祈福，抛撒五谷，在多吉帕姆神前燃灯供佛，祈求年年岁岁安康幸福、子子孙孙吉祥如意。如今，这里不仅是香火圣地，更成为游人喜爱的胜景。

阳光照耀的地方——尼汝，雪山草地、高原湖泊、原始森林、高山牧场、山泉河流、峡谷溶洞、飞流瀑布、珍稀动植物，以及古老村落、层层梯田，这一切宛如一颗颗晶莹剔透的宝石，神奇般镶嵌在方圆 450 平方千米的土地上，构成气象万千的自然生态美景，被誉为“世界第一村”。

德钦县：香格里拉深处的璀璨明珠

德钦县是云南省最北部的一个县，地处三省区交界处，是云南对外开放的北大门，县城升平镇海拔 3400 米，是云南省海拔最高的县城。升平镇距离州府所在地香格里拉市 182 千米，距省会昆明 889 千米，距滇藏交界处 70 千米。

德钦藏语意为“太平吉祥”，寓意着这里是一片神奇、圣洁、美丽的土地。它有云岭大地最灿烂的风景，悄然隐匿在香格里拉的最深处，被称为“彩云之巅”，享有“中国最美雪山风景旅游名县”“中国最美民族风情旅游名县”“中国最美徒步运动旅游名县”“中国最美县城”等盛名。

自古以来，藏族人称呼德钦为“聚”，意为地形狭长、精华荟萃之地。汉时为牦牛羌地，唐初为聿赍城，属吐蕃地；元代属丽江宣慰司。据说，明代丽江木氏土知府把一尊金像抬至德钦境内的一个大土台时，金佛突然增重再也抬不起来，便就地建寺安置，于是就以“土墩台”的纳西语“阿得酋”为该地命名；清代改为汉语，称“阿墩子”；清光绪三年（1877年）更名升平镇，取“太平盛世，歌舞升平”之意；1935年根据当地著名佛寺“德钦林”之意，改称为德钦。德钦林寺选址极佳，位于县城上方的一块平地上，始建于1509年，它罩着整个山谷里的“聚”地。该寺原为噶玛噶举派寺院，1674年改宗格鲁派，定名为“噶丹·德钦林”。

德钦县地势北高南低，地形呈南北长、东西窄的刀形，南北长188千米，东西宽68千米，境内雪山耸峙、峡谷纵横、大江奔腾、冰川蜿蜒、林海苍茫、湖泊星罗棋布。全县国土总面积为7504平方千米，辖七乡三镇，佛山、云岭、燕门、巴迪四个乡和升平镇、叶枝镇分布在澜沧江大峡谷两岸，在圣地卡瓦格博的怀抱中；而霞若、拖顶、羊拉三乡及奔子栏镇，则分布在白茫雪山东部的金沙江沿岸。你想象中雪域高原令人惊叹的、特有的、亮丽的风景，在德钦比比皆是，一览无余。

德钦县城升平镇，背靠云岭雪山，面朝卡瓦格博圣地，地理位置十分吉祥，历史上是滇藏茶马古道的必经要道。史书有这样的记载：在圣地卡瓦格博前面供有三种宝碟，曲登阁是金碟，上面供奉着自然天成的水晶佛塔；飞来寺是银碟，上面供奉着佛祖释迦牟尼像；聚宗，即阿墩子是玉碟，上面供奉着各种财宝。

“金碟”曲登阁离德钦县城很近，顺县城下坡公路走四五千米就到了。曲登阁全称“曲登西格让勋”，意思是“天然水晶塔”，卡瓦格博礼赞颂文中写道：“谁人能拜水晶塔，增长寿命福运来。”传说这座水晶塔是莲花生大师从印度运用神通安立在

德钦县城

八大神山之一的卡瓦格博神山脚下的，台地四周立满了石灰柱子，洁白无瑕，是信徒为子女祈福、护佑平安的寄魂柱。曲顶阁神庙由主殿、护法神殿、大转经筒房三部分组成。建筑特点不言而喻，一片纯净的白色空间，而精神内涵更甚，里边珍藏的至宝就是那座飞来的天然水晶塔，它被誉为藏族人民转山开启圣地之门的“钥匙”。曲登阁的香火很旺，平时有很多信徒在这里转白塔、烧香、念经、祈福。

从德钦县城沿滇藏公路行驶 8000 米，就到了飞来寺。飞来寺占地面积 1500 平方米，依山势拾级而建，沿途古松森列，日影斑驳，小溪曲折，松涛低鸣。飞来寺始建于 1614 年，距今已

神山脚下欢乐弦子节

有410年的历史。藏语叫“觉沃南喀扎西”，意为“飞来的佛祖像”或“虚空吉祥”。传说，寺庙建成举行开光大典时，佛祖亲自驾临飞来寺上空祝福。因此，信徒们认为，朝拜供奉在飞来寺里的佛祖像等同于朝拜了拉萨大昭寺的释迦牟尼像。

“银碟”飞来寺建筑高低错落，殿堂屋宇呼应配合；寺内的安排具有“三教合一”的特点，还供奉有卡瓦格博神的塑像；飞来寺最让人叹为观止的是建筑物的雕刻艺术和精美绝伦的壁画艺术，1980年被云南省人民政府确定为重点文物保护单位。

阿墩子古城与梅里雪山交相辉映，是坐落于源远流长的茶马古道滇藏线上的主要藏式小镇，也是德钦县城的重要组成部分。把阿墩子喻为供奉财宝的玉碟不无道理，当年阿墩子是“茶马古道”滇藏线上的重要枢纽和物资集散地，南来北往的商人马帮在这里把从中原驮来的茶叶、糖类、布匹、丝绸、铜铁器皿等货物带到西藏乃至印度、尼泊尔；又把藏族聚居地的山货、麝香、鹿茸、熊胆、虫草、贝母等货物运到中原去。由于德钦物产丰富，这里的山货及工艺品深受各地的喜爱，各路商人都会在这里采办货物。这里有丽江、大理、鹤庆、剑川等滇商开的商号，阿墩子被称为雪山市场。民国才女刘曼卿在她的《康藏轺征》中写道：“大街为滇、康交通必经之孔道，每日来往货驮，络绎不绝。由南来者为云南之出产，从北至者系康、藏之货物。吾人骤闻铃声蹄声与人声之交作，几犹海上轮船火车汽车之杂。”阿墩子古城，又是千百年来藏族人民朝拜卡瓦格博圣地的重要起始点和终点站。每年秋天，北雁南飞，升平镇也就热闹起来，来自全国各地的游客成群结队、扶老携幼，朝觐卡瓦格博神山。

1905 年，德钦人民响应巴塘人民发起的反洋教斗争，数千人民云集，烧毁阿墩子、茨中两处教堂，杀死传教士蒲德元、余伯南等人；1946 年 5 月，受到进步思潮影响的海正涛与平措汪杰、昂旺格桑等一起，在德钦秘密拟定《东藏人民自治同盟简章》，积极准备开展武装斗争，但被国民党德钦县党部发现，派人将海正涛杀害，平措汪杰等得以脱险；1949 年 1 月，为了反抗土司头人的压迫和剥削，云岭燕门一带的贫困村民在李阿土和干玛白久的率领下举行抗暴斗争，武装扼守在扎古要塞，坚持了一年多的斗争后，李阿土等人参加边纵七支队藏族骑兵大队，为滇西北地区的解放做出了贡献；1950 年 3 月，德钦人民配合中国人民解放军先头部队歼灭了国民党军胡宗南残部 91 军 310 师，5 月 20 日，召开了德钦和平解放的庆祝大会；1950 年下半年德钦各阶层在售粮和运输等方面大力协助人民解放军向西藏进军，

阿墩子古城街道 江初 / 摄

人们踊跃参加支前民工队伍，投入援藏运输，靠马帮，靠牦牛，靠人力把粮食和军需品源源不断地送往西藏前线，为西藏的解放事业做出了贡献。

海正涛，回族，德钦升平镇人，藏名恭布泽仁。年轻时他曾率众反抗国民党贪官污吏的横征暴敛，被当局以“领头反抗政府税收”为名关押。1935 年，在中国共产党民族政策及红军团结抗日主张的感召下，海正涛投身革命，1936 年 5 月在甘孜组建的中华苏维埃博巴政府里任自卫军司令。1942 年，日寇入侵缅北，海正涛接受宋希濂将军委任，担任国民党德钦设治局独立支队司令。1945 年，海正涛得知西康平措汪杰领导的高原共产主义运动小组在活动，主动写信与他联系，邀请平措汪杰到德钦共

雪达措湖 香格里拉摄影家协会 / 供图

商大事。在取得一致意见后，他们草拟了《东藏人民自治同盟简章》。海正涛的行动引起国民党当局的注意，当地反动上层官员纠结地痞恶棍将其枪杀于家中，并查抄出《东藏自治同盟简章》等文件，四处搜捕同盟小组成员。平措汪杰等在转移途中召开临时会议，追认海正涛为高原共产主义运动小组成员。1947 年 7 月，根据中共西康工委指示，运动小组成员一律转为中共党员。1950 年德钦和平解放，海正涛被追认为革命烈士。

为了纪念海正涛烈士、平措汪杰、斯那尼玛、李阿土、阿学等革命前辈，弘扬德钦光荣的革命传统，德钦县在升平镇古城里建立了革命历史陈列馆。一进入陈列馆内，迎面是海正涛烈士穿着军装、骑着战马，威风凛凛的雕塑；二楼展出以海正涛为代表的革命先驱们的生平图片和文物，以及介绍德钦的革命斗争史和土地改革斗争史。革命历史陈列馆已成为德钦县革命传统教育和爱国主义教育基地，缅怀革命先辈，铭记革命先烈光荣事迹，倍加珍惜今天幸福生活，牢记初心使命，坚定理想信念，凝聚奋进力量，建设美丽家园。

从迪庆州府出发沿 214 国道，行驶约 80 千米来到金沙江边，可看到前面岩石上有一面红军军旗在高高飘扬。那里是香格里拉市与得荣县接壤的地方，这里有几处红色文化景点：金沙江东面是得荣县的“红军长征纪念馆”，中间跨江而过的钢绳吊桥是“贺龙桥”，桥头南侧是“贺龙桥红色旅游景点”，雄伟壮观的红军浮雕群熠熠生辉，光彩夺目。

1936 年 5 月 7 日，在中甸、德钦、得荣三县接合部的扎纳腊卡发生过一场战斗：红二军团前卫部队到达扎纳腊卡山口时，遭到德钦东竹林寺水边活佛和得荣头人带领的地方武装的阻击，红军遭到突袭，五师参谋长汤福林、连长肖学志和十几名红军战士牺牲。红军击溃反动地方武装，大踏步向着得荣县城前进。

现在横跨金沙江的钢筋水泥公路桥修建于 1990 年，它的前身是附近约 50 米处的那座旧桥。旧桥是座吊桥，上书“贺龙桥”三个大字，作为重要革命文物保留着。20 世纪 50 年代修建国道 214 线时，在此奔腾汹涌的金沙江上修建了一座钢绳伸拉吊桥，天堑变通途，为了彰显社会主义建设成就，起名“伏龙桥”。后来为了纪念贺龙将军指挥的红二军团长征时经过此地，改名为“贺龙桥”。因为是伸拉吊桥，负荷有限，当时所有的过往载重车辆过桥时都要先卸货，雇请附近村庄的马帮或人力把货物运到对面，空车过桥，然后再装车起程。要是客车，乘客要下车步行过桥再上车起程。

现在，“贺龙桥红色旅游景点”是迪庆州“基层党员教育实训示范基地”“德钦县干部教育培训现场教学点”“德钦县青少年红色教育实践基地”，人们在这里瞻仰红军浮雕群，追忆先烈足迹，感悟红色文化，接受革命传统教育，传承红色基因，赓续红色血脉，让红军精神更好更远传颂。

过了贺龙桥，前面不远就是有名的历史古镇奔子栏镇。在金沙江上游一带，乃至在西藏境内，奔子栏都有很高的知名度。自古以来，奔子栏是由滇入藏的交通要道，“滇藏茶马古道”的必经之地，也是古代一大商埠。作为“滇藏茶马古道”上的咽喉重镇，奔子栏有着辉煌的历史与繁荣。它的历史可追溯到吐蕃王朝时期，吐蕃大军曾在此驻扎，进藏客商也必须经此才能到达拉萨。

贺龙桥边红军雕塑群

金沙江上贺龙桥

贺龙桥

“奔子栏”藏语意为“干热河谷中的绿洲”。奔子栏位于德钦县境东南部，坐落在白茫雪山脚下金沙江边，东隔金沙江与四川得荣县瓦卡镇相望，风光宜人，214 国道贯穿奔子栏街道。过去，这里没有渡桥，摆渡用的是牛皮船和木筏，所有过往骡马和货物都要从渡口经过。清政府曾经在这里设塘汛（关卡），民国至新中国成立前由东竹林寺管理，收取摆渡费。奔子栏地处交通要冲，这里以出能干的“马脚子”（赶马人）而闻名。“茶马古道”兴盛时期，这里商号林立、人马喧嚣、异常热闹。在长期的对外联系与交往中，这里的藏族文化呈现出了独特的地域特点。这里的经济比较繁荣，当地人的商业观念比较浓厚，思想比较开放，男人们善于经商，女人们善于手工技艺。奔子栏手工制作的民族工艺品木碗、糌粑盒等因做工精美、结实耐用而闻名。

如今，这里比过去更加繁荣，由于奔子栏是由香格里拉市至德钦梅里雪山的必经之地，游客无论从香格里拉市还是从德钦出发，到了奔子栏通常要停车吃饭，或者留宿一夜。于是，国道 214 线两旁，旅馆、餐馆、服饰店、银器店、水果店一字排开，成了奔子栏镇最红火、最热闹、最繁华的地段。奔子栏素有“康巴江南”的美称，在这里不仅能吃到高海拔地区难得一见的各种新鲜水果，在路边的餐馆和旅店里，还能吃到鲜嫩的江鱼。奔子栏镇境内还有诸多景点。

金沙江大拐弯，亦称金沙江大湾，位于奔子栏镇与得荣县瓦卡镇交界处，穿山越谷而来的金沙江，在即将冲出滇川接合部的要塞时，在德钦县奔子栏和得荣县瓦卡之间似乎想先舒缓一下长途奔波的疲劳，于是放慢脚步，围绕着金字塔般的日锥峰潇洒地

奔子栏镇

画了一个“Ω”字形，成就了这个亮丽景观——金沙江大拐弯，驴友们还给它起了一个很美的名字“月亮湾”。从奔子栏上方海拔约 2300 米的观景台俯瞰山下大峡谷里的“月亮湾”全景，令人心旷神怡，荡气回肠，不能不惊叹大自然造化的神奇！

德钦还有三个寺，号称“三大寺”，当地有一个说法：红坡噶丹・羊八景林是母寺，噶丹・德钦林是父寺，噶丹・东竹林是子寺，其实这说法只是反映了这三座大寺建成的时间，与其规模和名声大小并无关系。

噶丹・东竹林寺是康区藏传佛教格鲁派的十三大寺之一，原名为“冲冲措岗衮”，意为仙鹤湖上寺，属噶举派寺院，始建于1574年左右。后来该寺于1677年被格鲁派改宗，更名为噶丹・东竹林寺，意为“诸事成就寺”，为迪庆州境内第二大佛寺。该寺“文化大革命”期间被毁，1982 年，经当地人民政府同意搬迁至现在的书松村南面拥甘顶重建。东竹林寺有 5 层大殿一座，一所辩经院，一所法相学院，4 座活佛府邸，100 多所僧房。该寺最有名的是大殿三楼的四座立体坛城，修建立体坛城投资巨大，技术难度高，如此壮观精美的坛城很少见。东竹林寺每年藏历 8 月 28、29 日在寺院广场举行的跳神仪式最有名，届时周边数县的信教群众纷纷赶来观看，人山人海，水泄不通。

书松尼姑寺是云南省唯一的藏传佛教尼姑寺，该寺因坐落于书松村，人们习惯称其为书松尼姑寺，其真实寺名为“塔巴林”，意思是“修行解脱的乐园”。尼姑寺修建于 1772 年，据说是德钦噶丹·东竹林寺第三世扎塘活佛倡建的。为了修建尼姑寺，三世扎塘活佛用从中原购来的手工蓝布，换来了寺院的地基。1987 年，经人民政府批准，尼姑寺搬迁至噶丹·东竹林寺旧址，并恢复宗教活动。尼姑寺里收藏有一批能够列入省级文物的佛像和壁画，1987 年 12 月 21 日由云南省人民政府公布为省级文物保护单位。

距德钦县城 9000 米，还有一座雾浓顶观景台，又叫梅里十三白塔迎宾台，十三座整齐的白塔与梅里雪山遥遥相望，代表梅里十三峰。雾浓顶观景台因位于雾浓顶村而得名，这里是拍摄梅里雪山全景的最佳位置，梅里雪山更加大气磅礴，拍摄前景丰富。迎宾台下面的广场是德钦县举行大型民族文化活动的地方，梅里雪山作为天然的背景，美轮美奂，实属令人震撼的天然布景。

金沙江大拐弯 迪庆州文化和旅游局 / 供图

飞来寺

雾浓顶迎宾台十三佛塔

雨崩神瀑 香格里拉摄影家协会 / 供图

维西县：横断山中静谧的绿宝石

维西傈僳族自治县位于青藏高原向云贵高原的过渡带，云南省西北部，迪庆藏族自治州西南部。东西最大跨径 70 千米，南北纵距 122 千米，总面积 4661 平方千米，全县辖 2 镇 6 乡。县城保和镇距迪庆州首府所在地香格里拉市 337 千米，至省会昆明 740 千米。

维西县位居世界自然遗产“三江并流”腹心地带，是名副其实的“三江并流之心”。高耸云天的云岭山脉东濒金沙江，西临澜沧江，气势雄浑，自北往南延伸，金沙江流经县境东北隅，过境流程 13 千米；岿然矗立于澜沧江与怒江之间的碧罗雪山，群峰巍峨，连绵起伏。两山之间波涛汹涌的澜沧江从康普入境，流经白济讯、中路等乡镇，至维登乡碧玉河叉河口出境，境内流程 165 千米。境内有海拔 3000 米以上的山峰 100 多座，距离县城西南仅 10 千米处的雪龙山海拔 3909 米，山顶有一雪融湖，水面面积 1500 平方米，风景优美，夏季水如碧玉花似锦。而位于县境南端的澜沧江与碧玉河交汇口，最低海拔 1380 米，海拔高低悬殊的立体气候植被带，使维西成为滇西北动植物基因库之一。维西地势北窄南宽，由南往北呈阶梯状抬升，全县大小山溪、河流共 700 多条，其中两条最大的干流：永春河流程 57 千米，腊普河流程 74 千米，分别注入金沙、澜沧两江中。

在维西，澜沧江水串联起天地万物的造化，从雪山之巅到沟谷绿洲，境内江河纵横，水网密布，湖泊众多，降水丰沛，森林覆盖率达到 77.5%，无山不青，无水不绿，生态环境极佳，一片绿色世界，是名副其实的一颗镶嵌在横断山中的绿宝石，璀璨的三江明珠。除此，维西还拥有众多美誉："中国兰花之乡""国宝滇金丝猴的家园""中国傈僳文化的发祥地""世界花园之母""中国西南地区联系西藏的茶马古道重镇""香格里拉的后花园"，等等。这些称呼似乎印证了为什么傈僳人称维西为"娃巴"——"众人向往，舒适宜居的地方"。

从唐至宋，县境先后隶属于吐蕃、南诏、"大理国"管辖；元时置临西县，为县境设治之始；明代归丽江军民府统辖；清雍正五年，1727 年改土归流，建维西厅；"民国"二年，1913 年改设维西县。1949 年 5 月 12 日，中共维西党组织领导下的人民武装暴动成功，推翻了国民党领导的维西县政府，建立了临时性的人民政权。同年 10 月 1 日正式建立维西县人民政府，属丽江专区管辖。1957 年划归迪庆藏族自治州。1985 年 6 月 11 日，国务院批准撤销维西县，建立维西傈僳族自治县，自治县人民政府于同年 10 月 13 日正式成立，仍隶属于迪庆藏族自治州。

不管称呼是"临西县"，还是"维西县"，都是因地理位置特征而得名，含义为"维系西藏"，也就是说，维西是祖国西南维系西藏的交通枢纽，地理位置特殊，历史上处于吐蕃、南诏与丽江木氏土司等几种势力争夺屯兵的战略要地。

从州府所在地香格里拉市到维西傈僳族自治县，进入县境的第一站就是具有悠久历史的塔城镇。这里海拔较低，气候宜人，风光旖旎，物产丰富，是鱼米之乡。

跨过其春大桥，离开金沙江，就踏上了维西绿宝石般的土地，迎面而来的是当年吐蕃铁骑的指挥中心、吐蕃第 36 代年轻有为的赞普杜松芒波杰坐镇过的战略要地其宗（杰布顶），其宗村对面的那座端庄的大山就是阿海洛山，著名的达摩祖师洞就在山顶。从其宗转进腊普河，溯河而上，经过启别村等具有民族特色的村落，就到了“鸡鸣四县闻”的塔城镇：北是德钦，南是丽江，东有中甸，向西则是维西县城。塔城镇离维西县城保和镇 80 千米，距州府所在地香格里拉市约 100 千米。

塔城镇位于金沙江支流腊普河畔，是维西县唯一靠近金沙江流域的乡镇，在狭长的腊普河谷里多种民族杂居，是一片生物多样性与文化多样性并存的神奇土地。全镇 50 多个自然村像一颗颗珍珠镶嵌在腊普河两岸，一条黑色的柏油路串起了沿线各民族村寨。驾车在腊普河村寨里穿行，是一种享受，忽而柳暗花明，忽而核桃树、板栗树遮天蔽日，才见木楞房村寨，又见纳西族、白族人家的屋架房，一座座风雨桥飞架腊普河上。这里植被茂密，绿色是它的主色调，随处莺歌燕舞，潺潺流水，再加上收获的季节里，田野上丰收的一片金黄，丛林间的万紫千红，处处呈现出一幅幅美不胜收的山水画。

早在新石器时代，这里已是古代氐羌先民居住的乐园，后来不论是吐蕃时代还是明清时期，在塔城一带都有大量的藏族和纳西族居民活动，很多地名也是藏语和纳西语地名。比如，迪庆藏族称维西为“你那”或“巴隆”，“你那”意为“黑人”，这跟汉文史书里称呼西南少数民族为“乌蛮”是相通的，与古代藏族人常以黑、白等颜色来称呼吐蕃周边国家和民族不无关系。“你那”在傈僳语中则称为“矣乃”或“罗婺”，意为“北方”或“江水上游”。至于“巴隆”（巴塘人的驻地），当时有大批的巴塘

维西标志性地标文昌塔 施玉丞 / 摄

人因各种原因迁徙到了维西地界，故而得此名，至今“维西”一词翻译成藏文还是叫“巴隆”。在藏语中“塔城”叫“塔曲”（江水环绕之地），自然包括了今天的丽江塔城；“其宗”叫“曲宗”（水城）或“杰布顶”（国王城）；“腊普”则完全对得上藏语的正确发音，意为“菩萨沟”，如此等等。

腊普河从高山之巅流来，养育了山顶的彝族、半山区的傈僳族、山脚下的普米族，还繁衍着坝区的汉族、藏族、纳西族、白族。自古以来，多民族在塔城和睦相处，说着傈僳话，住着藏式楼房，喝着酥油茶，吃着水焖粑粑，这样的场景在塔城并不鲜见，也说不清这种生活方式是从什么时候开始的。自古以来，多民族在这片土地上生息繁衍，多宗教在此共存，他们在交融中传承，传承中发展，你中有我，我中有你，构成了塔城独特而又美不胜收的

维西县城保和镇新貌 董继荣 / 摄

民族风情。民族间的相互交融不仅体现在建筑、饮食、宗教文化上，而且在语言上都能生动地体现出来，塔城人都能说上好几种民族语言。塔城是生动体现维西各民族交往交流交融、和谐共存的一个缩影。

金秋时节，腊普河畔稻谷飘香，一派“禾下乘凉、稻香绵长”的丰收景象。启别村里已有千岁高龄的“启别银杏老人”，满头金发，却精神抖擞，向前来参加丰收节的父老乡亲和远方的客人频频招手致意……

每到九十月份，塔城镇都要举办一次塔城丰收节。他们以多彩的民俗风情、鲜明的地域特色、丰富的文化内涵，向世人展示秘境维西独特的魅力。这天，活动场所分好几处：塔城镇神川公园上空彩旗飘扬，民众自发组织起来的民族歌舞、弦子表演随处

革命老区纪念碑

可见；启别村里民俗展览，古色古香；村边空旷场地上，进行着射箭比赛；还有饵块制作、藏香制作等民俗体验活动一一上演，淋漓尽致地展现出了农民的美好生活；最有趣的是稻田里的抓鱼和鸭场里的抓鸭比赛，凡愿意下田的游客都可参加这场比赛，欢声笑语一浪高过一浪。

启别村的百家宴更是气派。村民们一大早就在地里搭起十几个锅灶，轰轰烈烈地做起饭菜，稻田鸭、稻田鱼、土鸡肉、腊猪脚、大米饭……香气四溢，金灿灿的稻田边，桌与桌相接，心与心相连，唱酒歌，敬美酒，其乐融融，大家在田间地头尽情享受别样的丰收节。

舞台设计精美，突出塔城民族特色，舞台上灯光闪烁，舞台下坐满了黑压压的观众和游客，节目更是丰富多彩：鼓声阵阵，热巴飞扬；神川礼赞，歌颂故乡；阿尺木刮，高潮迭起；格萨尔说唱，把人带入英雄时代；犁牛调，与耕牛温柔絮语；瓦器器，又是一个要走出维西的傈僳族舞蹈……会场内外歌声、笑声、掌声、欢呼声此起彼伏，让人们感受“三江之心”农民丰收的喜悦……

到了塔城，你一定会很想近距离见见可爱的滇金丝猴，这个一点也不难，从塔城镇出来向西，到了响古箐谷口右转弯向北，顺响古箐走 8000 米就到了滇金丝猴的家园。

雪域精灵滇金丝猴栖息在海拔 3000 米以上的高山针叶林带，是猴类中栖息地海拔最高的种类。滇金丝猴的历史可以追溯到 100 万年前，但是数量稀少，其分布区域仅局限于金沙江、澜沧江之间的云岭山脉，分布区域远比不上大熊猫。它们被列入国家一级保护动物，更是国际自然及自然资源保护联盟（IUCN）物

唱起欢乐的丰收歌

种红色名录中的世界级濒危物种，堪比大熊猫。

滇金丝猴是云南迪庆所特有的灵长类动物，在国际上被认为是仅次于大熊猫的珍稀动物。与调皮的猕猴不同，滇金丝猴十分可爱与友善，它们从来不会打扰人类的生活，不会从人们的手中抢东西，也不会破坏村里的庄稼。本地的藏族和傈僳族也把滇金丝猴当作人类的朋友，不会加以伤害。由于臀部白色，当地人把它称为“穿白短裤的猴子”。

曾有一个名叫“灵灵”的滇金丝猴，在1999昆明世博会上横空出世，它那张白里透红的面孔、酷酷的“朋克”发型、迷人而性感的嘟嘟粉唇，还有它那淡淡的微笑，让世人眼前一亮：世上竟有长得如此像人类、如此可爱、与人性如此相通的动物，瞬间迷倒了所有观光者；憨态可掬、天真活泼的灵灵也够灵气十足，

塔城丰收节里射箭比赛 维西傈僳族自治县文化和旅游局 / 供图

塔城丰收节稻田抓鸭比赛 维西傈僳族自治县文化和旅游局 / 供图

它让美丽的故乡萨玛阁从此享有盛名。

萨马阁，傈僳语地名，意为“最高最好的放牧场”，位于维西塔城境内云岭山脉白茫雪山纵谷区。几百年以来，狩猎者把猴皮用作婴儿的襁褓、猴骨用作药材贩卖，猎杀成为滇金丝猴最大的噩梦，森林中的一张张笑脸不复存在。除了遭受盗猎，由于滇西北的原始森林遭到大规模的砍伐，往昔连成一片的森林被切割得支离破碎；同时全球气候变暖，雪线上移，冰川消失，滇金丝猴最喜欢的食物——依附在冷杉林里的松萝也日益稀少，它们的生活空间越来越小，六分之一的猴群永远从地球上消失。甚至人们一度认为，它们已经灭绝了。

后来，在这片充满灵气的神秘山川，人们为它构建出原生态的自然保护区。1983 年，政府成立了云南白茫雪山国家级自然保护区和管理委员会；1998 年，成立了维西萨马阁滇金丝猴自然保护区，2000 年白茫雪山国家级自然保护区扩建后，囊括了包括萨马阁自然保护区在内的所有维西境内的滇金丝猴保护区，绵亘数百里，茫茫林海成为它们的家园。维西县在萨马阁成立森林派出所，还在萨马阁响谷箐的三个傈僳族村内征召护林员，推选认为最有责任心的人来做护林员。在他们的悉心照料下，滇金丝猴的生存环境大大改善，滇金丝猴得以按照自身种群规律健康发展，猴儿们可以自由自在地繁衍生息。萨马阁林区森林覆盖率高达 98%，成为滇金丝猴分布区域中的核心地段，仅响古箐里就生活着 600 多只滇金丝猴。

滇金丝猴是上天赐予人类的精灵，过去它们生活在高海拔的高山针叶林里，而且总是藏得深深的，离人远远的，就算专程去寻找它也未必能见得着它的倩影。可是，现在不一样了，只要来到维西，你准保能在萨马阁响谷箐里近距离地接触到它们，能尽情观赏它们的一举一动。

当阳光照到响谷箐时，随着护林员的哨声和喊叫声，游客能依稀看到大草坝上面树林里开始有了响动。晃动的树枝越来越多，浓密的绿色里透着隐约闪动的灵性，紧接着就能看到可爱的精灵一个接一个地从树上跳到草坪上觅食。它们憨态可掬，“穿着”体面漂亮，惹人喜爱。吃饱喝足了，有的晒太阳，为伙伴捉虱子或打理毛发；有的直立行走，东看看，西瞅瞅；有的面向游客，似乎对这个世界充满好奇。调皮的年轻猴子们互相嬉戏，在林间轻盈地飞来飞去……绿色的生气和精灵的灵气交织，仿佛人间仙境。

从塔城出来一路向西，溯腊普河而上，一路在山谷里穿行，上行约 60 千米后，突然眼前一片开阔，“柳暗花明又一村”，这便是攀天阁。谁也不会料到，群山环绕的山间里还能有这样一块美丽富饶的平坝。攀天阁海拔 2680 米，是一块典型的亚高山盆地，地处云岭山脉白茫雪山自然保护区的萨马阁林区。特殊的地质运动在这里形成了盆地，雨水、日照、土壤、气候条件的优越孕育了这块肥沃的土地。很难想象，高海拔的攀天阁竟能种出水稻来。

攀天阁，在纳西语中意为“牧牛场”,不难看出最初这里只是个牧场。春季里云岭雪山上的冰雪开始消融，夏季这里雨水充沛，雪水、雨水汇聚到平坝上，攀天阁便成为一片泽国。那么，是谁开发了这块土地呢？在攀天阁坝尾山间的一个石壁上有开凿

滇金丝猴 迪庆州文旅局 / 供图

落水洞的石刻记载：光绪三十二年（1906 年）维西通判冯舜生带领攀天阁群众开凿落水洞，把水引出了攀天阁，并组织大家开垦良田。他不但教人们如何种田，而且还将种田收入的约 40% 用来办学，从而振兴了攀天阁的教育。冯舜生是改变了攀天阁命运的人，翻开了攀天阁坝子种稻产米的历史。攀天阁的大米在当地被称为“红米”，特点是稻壳泛黑，米芯略偏红黄色，煮食清香润口。

春回大地，冰雪消融，流水潺潺，草长莺飞，春雨过后，山更青，树更绿，世外桃源的五光十色，让人有目不暇接之感。但最壮美的要数坝子上那一望无际的稻田，春姑娘把它打扮得特别美丽，远看一垄垄绿油油的稻苗随着微风一波一波有节奏地弯腰，仿佛会跳舞的翡翠；近看一株株窈窕的稻苗仿佛一个个摇曳生姿的精灵，美得让人如痴如醉。

秋天到了，天美，水美，稻田更美，到处一片金灿灿，站在

攀天阁稻田 董继荣 / 摄

攀天阁之春

攀天阁观景台上，静静地欣赏下方千亩稻田，大地像是铺上了一层金色的毯子，一阵微风吹来，更像荡起了一层金色的波浪。秋的世界充盈着欢声笑语，透着无尽的温柔气息，让所有的人沉醉在那金色的波浪里。

离开攀天阁，要不了多久就到了嘎嘎塘，这里有条河由南向北流淌，名叫永春河，是维西境内两大干流之一。永春河南北流向，蜿蜒 57 千米，汇集沿途溪流，淙淙哗哗，亮亮闪闪，穿越数十个村庄直奔澜沧江。从嘎嘎塘顺永春河往北，到达江河桥，永春河就在这里注入滚滚而来的澜沧江里。沿德维公路溯澜沧江而上，是去往白济讯乡小维西天主教堂、康普乡寿国寺、叶枝镇王氏土司衙署、同乐傈僳族村寨、查布朵嘎雪山、巴迪乡南极洛等景区

景点的线路；从嘎嘎塘逆永春河向南行驶 15 千米，就来到了维西县政治、经济、文化的中心保和镇。

保和镇犹如一枝民族丛林中的汉文化花朵，盛开在维西县境南部。保和镇位于永春河东岸宝华山麓，地势自西向东倾斜，背靠雪龙山，面临永春河。保和镇在历史上曾经是茶马古道和盐马古道重镇，是中原通往西藏的一个重要交通孔道。1953 年由“宝

维西风光 李跃斌 / 摄

华镇”改称为“保和镇”，取保卫世界和平之意。

保和镇原为一片荒烟蔓草掩盖的山坡，雍正五年（1727年），建置维西厅，派驻流官，首任通判陈权选定此间建筑城垣，是为维西厅治所，同年秋在圆龙山建立了关圣殿。又因“维西界连川藏，洵为极边要地”，设立了维西营，大量的汉族人口则是从雍正年间之后“为官、为商或充绿营兵奉拔而流寓者”，自此之后，居民中的汉族人口日渐增多。他们大多数集中居住在建厅后新修的城池里，同时也把中原地区的汉文化及风俗带进了维西。后来又相继兴修了三圣宫、文昌宫、万寿宫、财神殿、孔庙、城隍庙等十多座庙宇，加上衙署等，为镇内规模恢宏的建筑，打下了汉文化的坚实基础。260多年间，保和镇一直成为全县政治、经济、文化的中心。

长期以来，固有的汉文化基因，让处于“洵为极边要地”的维西汉人对汉文化信息十分渴求。然而，远离中原，交通又极为不便，致使维西保和镇渐渐沦为淹没在“三江并流”腹心区域内少数民族汪洋大海中的一个汉文化孤岛。于是，这些两百多年前从内地迁进孤岛的汉民们，一代又一代，传承着老祖宗从中原带来的语言、服饰、饮食、民居，以及戏剧曲艺等方面的汉文化遗产。长期以来，保和镇的汉族人民与周边的各少数民族居民和睦相处，互通有无，公平买卖；当地少数民族也尊重汉族文化和风俗，各种民族的文化就在这里交汇沟通，互相交融，营造了一方和谐宁静的乐土。

中华人民共和国成立后，保和镇作为县人民政府驻地，市政建设一日千里：文昌塔高高矗立在山顶上，成为保和镇地标性建筑；“维西革命老区纪念碑”岿然耸立在旧县城中央，发挥着赓续红色基因的使命；新建筑拔地而起，鳞次栉比；交通四通八达，新城区比老城扩大了四倍多。

在保和镇“香格里拉三江植物园”公园里有一尊可敬的傈僳族老人的雕塑，他就是赫赫有名的傈僳文的创造者哇忍波。

文字代表着一种高度的文明，只有文字才能把复杂的文化转变为严谨的记载。但并不是每个民族都有文字，中华人民共和国成立以前，我国 56 个民族中已使用本民族文字的只有 21 个，其中就包括傈僳族。叶枝米俄巴村人哇忍波创造的“傈僳族音节文字”就是其中之一。这套文字在 2018 年 10 月被认定为中国古文字，并录入中华文库。哇忍波没有读过书，但他不相信写在獐皮上的傈僳文字因为被狗吃掉而失传的传说。他天资聪慧，勤奋好学，他一边放牛放羊，一边在地上写写画画，最终创造发明了一套完整的傈僳族音节文字。他运用自创的这套音节文字把傈僳族世代口耳相传的《创世传说》《占卜书》《造纸》《射杀九个黑太阳》《造太阳月亮》等 24 部《祭天古歌》记录下来，对傈僳族的文化传承做出了巨大的贡献。

CHAPTER 03

雪山，迪庆的巍峨脊梁

它仿佛有一种神奇的力量，能够洗净人们心灵的尘埃，让人重新找回内心的平静与力量。

梅里雪山主峰卡瓦格博日月同辉 李东红 / 摄

雪山，是迪庆的脊梁，它们不仅仅是地理的标志，更是迪庆精神的象征。

迪庆境内雪景殊胜，超过海拔 4000 米的山峰有百余座，堪称雪山荟萃之世界；雪山的美不仅仅是视觉上的，更是心灵上的，可谓人间殊胜的净土。它仿佛有一种神奇的力量，能够洗净人们心灵的尘埃，让人重新找回内心的平静与力量。在迪庆众多的雪山中，梅里雪山、白茫雪山、哈巴雪山被视为三足“宝鼎”，而梅里雪山又是三足之冠，驰名中外。

梅里雪山：彩云之巅，香格里拉的神圣坐标

秋冬之交，藏历十五的清晨，梅里雪山晴空万里，圆圆的月亮还悬挂在其主峰卡瓦格博上空的时候，飞来寺观景台上站满了

经幡喜迎日照金山

来自世界各地的游客。东方鱼肚白，面朝东方的卡瓦格博雪山也慢慢亮起来，他酷似一个身体微微前倾的大佛，怀抱着澜沧江两岸的村落和众生；他伟岸俊美，但却常常云遮雾罩，一般情况下难以见到他那圣洁的尊容。

太阳从东方悄然升起，第一缕阳光照在了体态均匀挺拔威武的“太子”卡瓦格博峰顶，将他染成金色，一分钟，两分钟……随着时间的推移，太阳把金光依次洒在了梅里雪山高矮不等的群峰上。人们眼前展现出一幅震撼人心的奇观：卡瓦格博峰犹如金色佛塔金光闪烁，雄居群峰之上，威武彪悍，傲视群雄，尽显王者风范；一看就让人喜爱的“王妃”缅茨姆峰，亭亭玉立，气质若兰，娴静端庄，含情脉脉……那神工天造的梅里雪山“日照金山”“日月同辉”的美景，摄人魂魄，美不胜收，使人感到强烈的震撼和无法形容的威仪。此景令每个人都激动万分，情不自禁地从心底发出和美国著名学者约瑟夫·洛克一样的感叹：啊，

卡瓦格博圣地

卡瓦格博，你是世界上最美的雪山！

其实，卡瓦格博本来不叫梅里雪山（藏语“药王山”之意），也不是梅里雪山的主峰。但是，现在人们都将这一排群山统称为“梅里雪山”，一些旅行社的导游也会这样向游客如此讲解，许多介绍梅里雪山的文章，甚至一些学术性的文章也是如此论述。

千百年来，藏族人在口头上和所有藏文书籍里称这座雪山为“卡瓦格博”，或“绒赞卡瓦格博”“乃钦卡瓦格博”“念钦卡瓦格博”，或“阿尼卡瓦格博”。所谓“绒赞”（谷祇）、“乃钦”（大圣地）、“念钦”（大厉神）、阿尼（爷爷）都是加在雪山之前的形容词，而“卡瓦格博”（白色雪山）是这座山的真实名字。白色在当地人心中是至尊至贵的象征，自然可以引申为“神圣的雪山”。“卡瓦格博”既是这座雪山的主峰、雪山之神，又是整座山脉的称呼。

在汉文书籍和地图册里，卡瓦格博雪山的称呼可就热闹了，它被冠以诸多称呼，有称为“怒山山脉”的，有叫作“四蟒雪山”“太子雪山”的，还有叫作“梅里雪山”“卡拉卡尔”的。然而，在藏文古籍和诸多藏地圣地志里没有发现一处有这些称呼的。

在这诸多称呼里影响最大的要数“梅里雪山”了，同时也是争议最大的。问题出在哪里呢？问题出在了将藏族传统称呼的“卡瓦格博雪山”称作“梅里雪山”了！那么，传统的卡瓦格博山脉有没有“梅里雪山”呢？回答是肯定的。卡瓦格博山脉以海拔4815米的说拉垭口为界，该山脉的南段长约50千米，海拔最高，是卡瓦格博山脉的主体。真正的梅里雪山仅仅是说拉垭口以北的

神山显灵

日月同辉 迪庆州文旅局 / 供图

一段山脉，是卡瓦格博大雪山的一个组成部分，海拔较低，其主峰说拉赞归玛布海拔 5295 米。“梅里”（准确的发音应该是“门日”）即药王山，山脚下村子的名写作“梅里石”或“梅里水”。关于卡瓦格博被称作“梅里雪山”的由来，有各种不同版本的说法，不管怎么说，影响最大的是20世纪80年代以来的登山活动，特别是 1991 年世界登山史上第二大山难的发生，影响巨大，全国各地乃至世界媒体纷纷报道，“梅里雪山”这一称呼一夜走红，响彻世界。把卡瓦格博雪山称作“梅里雪山”纯属张冠李戴，以讹传讹，弄假成真了。

卡瓦格博雪山变“梅里雪山”已经是既成事实，而且享誉全国乃至全世界，政府也就将错就错，把整个卡瓦格博雪山当作梅里雪山看待，其地名或单位的名称亦为“梅里雪山”。不过，“梅里雪山”翻译成藏文时，必须译为“卡瓦格博”，不能译作“药王山”。藏族读者只要读到或听到“卡瓦格博”四个字就知道说的是哪一座山，不用做任何解释，而把卡瓦格博说成“药王山”就不知所云了，也是不可接受的。因为，在藏族人的心目中，卡瓦格博永远是屹立在东方的“绒赞卡瓦格博”“乃钦卡瓦格博”，是千百年来在人们心中不可更改的神山圣地。

所谓“梅里十三峰”不仅仅是取意藏族传统的“十三”吉祥数，而且我们也能数出有名有姓的十三座雪峰：雄踞梅里雪山群峰中央的卡瓦格博，它的左侧依次是帕巴乃丹久住、巴乌巴蒙、杰瓦仁安、缅茨姆、纳松秋根；右侧排列有布琼桑杰旺秋、玛本扎堆旺秋、说拉赞归玛布。四方有四位战神：东方战神“扎拉琼钦”（骑大鹏战神）、南方战神“扎拉玛雅钦”（骑孔雀战神）、西

主峰到澜沧江边高差达 4500 多米

神往

方战神“扎拉森钦”（骑狮战神）、北方战神“扎拉珠钦”（骑龙战神）。

早在佛教传入之前，绒赞卡瓦格博就已经是一座藏族原始宗教苯波教的著名神山，在吐蕃文献中记载着从印度、尼泊尔到卫藏和多康等广大地域内分布着的诸多大神山，其中就包括绒赞卡瓦格博。传说卡瓦格博原是九头十八臂的凶恶煞神，后被莲花生大师点化，皈依佛教，受居士戒，做了千佛之子岭国制敌宝珠雄狮大王格萨尔的守护神，从此成为藏传佛教二十四圣地之一，胜乐金刚在人世间建立的圣地中位于东方的大圣地，成为滇川藏青甘的雪山圣地，为八大神山之一。

梅里雪山上有四条世界稀有的大冰川——明永、斯农、纽巴、浓松，其中最长最大的要数明永冰川。明永冰川藏语称“明永恰”，冰川脚下的明永村，因冰川而得名。“明永”即明镜，意为挂在卡瓦格博雪山神胸前的护心镜。从明永村往上走两个小时，便到达“衮缅”（下寺，即太子庙）。在太子庙一侧的沟壑里就能看到闻名遐迩的明永冰川，近距离观赏明永冰川，卡瓦格博峰高高在上，晶莹剔透的冰川从高高的雪峰而下，犹如身披银鳞鱼甲的长龙，呈弧形一直铺展到海拔 2700 米的森林地带，绵延 11.7 千米，宽 30 米～80 米，年融水量 2.32 亿立方米。这是我国纬度最南、冰舌下延最低的冰川，也是世界上少见的低纬度、低海拔季风海洋性现代冰川。明永冰川一直处于消退状态，夏季，经常能看到巨大的冰体轰然崩塌下移，响声如雷，冰雪四溅，令人心惊胆战。从太子庙上行，便是“衮堆”（上寺，即莲花寺），该寺处于卡瓦格博心脏部位，寺庙常年香火旺盛，转经

八大佛塔美圣山

者络绎不绝。太子庙和莲花寺为这座闻名于世的雪山圣地、明永冰川增添了更多的灵气。

绒赞卡瓦格博成为20世纪人类无法征服的雪山，也是唯一一座因文化保护而禁止攀登的山峰，至今仍是人类未能踏足的“处女峰”，给人们留下了许多难解之谜。

英国作家詹姆斯·希尔顿以迪庆为原型写成的《消失的地平线》，向世人展现了雄伟的“卡拉卡尔”雪山“美妙绝伦的金字塔”，并把它作为《消失的地平线》中香格里拉的重要标志。如今，在迪庆，卡瓦格博业已成为迪庆香格里拉的坐标，云南旅游皇冠上最耀眼的明珠。

白茫雪山：国宝家园，四季皆是绝美画卷

深秋，车子沿滇藏公路从奔子栏干热河谷盘旋上山，一路已经没有了绿色，显得荒凉。过了书松以后，高山植被开始丰厚起来，进入白茫雪山，眼前豁然开朗，雪山逶迤，白雪绵绵，威武骑鹏战神冲霄汉，犹如莲花盛开；依海拔的高低，垂直分布的高山流石滩、高山草甸、高山灌木丛、草甸植被、落叶松林、云冷杉林、针阔叶混交林尽为秋色所染，林海红、黄、绿层次井然，色彩飞扬，特别是那满山遍野金黄色的落叶松，在高原阳光和雪山的衬托下，色彩缤纷，光彩夺目；若隐若现的潺潺流水，在沟底林海中穿行；飘荡在山腰的白云，仿佛是飘逸的哈达；白茫雪山垭口海拔 4292 米，耸立着巨大的嘛呢堆，飘动着五彩经幡，周边除了有大片的牧场，还有盛产冬虫夏草的草坡。雪山、森林、云雾和五色的彩林把白茫雪山装饰得如同油画般艳丽。滇藏公路就从这丰富多彩、令人沉醉的美景中穿过，置身于其中，令人心醉神迷，感悟雪山森林的豪爽热烈。

白茫雪山国家自然保护区位于云岭山脉北段东坡，德钦县东南部，是金沙江与澜沧江的分水岭，是云南省面积最大、海拔最高的自然保护区。“白茫”为藏语，意为莲花，因其山之形状如妙莲而得名，其主峰称为“扎拉琼钦”，意为骑大鹏鸟的战神，相传是念钦卡瓦格博的东方卫士；又常常被叫作“扎拉雀尼”，意为“念神大鹏鸟”，也有人解释为“十二战神”。“扎拉雀尼”的称呼可能是比佛教更早的原始苯教时期的称呼。主峰“扎拉琼钦”海拔 5429 米，与最低处的霞若乡高差达 3380 米，形成立

体感极强的气候特征和植被类型。

白茫雪山在历史上藏语叫作“聚拉”或“聚贡拉”，“聚”，古时指德钦，“拉”藏语意为“大山”，“贡拉”意为“雪山”，意思是“聚地之雪山”。汉文中关于白茫雪山的记载，最早出现在清代松江府青浦县（今上海市青浦区）人杜昌丁撰写的《藏行纪程》中。书中记述了在奉命进藏效力赎罪的云贵总督蒋陈锡率领下，他们一行人从云南进军西藏的艰苦行程。他们于 1720 年农历十二月初从昆明出发，六个月以后才到达了德钦县城。从奔

白茫雪山主峰扎拉琼钦

白茫雪山之春

子栏到德钦，通过白茫雪山时，书中有这样的记述：“……从杵臼上小雪山（指白茫雪山），早甚热，至半坡，寒风逼人，蒋公中寒病矣，余幸著羊裘，得无恙。初四日，蒋公病痢不能行，歇一日。雪山通亘200里，山不甚高，有树木，但不生草，亦无人烟。水不可饮，饮则喘急，甚至伤生。有白蟒能兴云雾，降雨雪，触之即病。”蒋陈锡一行是在1721年农历六月（相当于公历7月中旬）通过白茫雪山的，当时盛传山上有巨大的白蟒蛇。由于害怕雪山上的“白蟒”兴风作浪，所以蒋陈锡让士兵们嘴里含着一个铜钱，不让他们大声说话，以免触犯了“神蟒”而降灾于过山者。书中称白茫雪山为“小雪山”（可能是与卡瓦格博雪山比较而言），未见写作“白蟒雪山”。

白茫雪山秋景 香格里拉摄影家协会 / 供图

到了清乾隆三十五年（1770年），湖北安陆人余庆远撰写的《维西见闻纪》中，写的是“白铓雪山”。“铓”，即刀剑等的尖端光芒，“铓”字反映出了白茫雪山银装素裹、光耀夺目的特点。而“白茫雪山”一词是当年修建滇藏线中甸至德钦的公路时出现的，一字之差，其意有别。中德公路横跨金沙江，翻越白茫雪山垭口，抵达德钦县城。筑路时白茫雪山是个大拦路虎，拦路虎不是白蟒蛇，而是皑皑白雪。白茫雪山山顶与众不同，其他雪山一般到了山顶就直接翻越过去，不能多停留。但是，白茫雪山山顶是个大缓坡，逐级有三个垭口，山顶又宽又长，足有10千米，一到冬天白雪皑皑，茫茫一片，大雪封山，给筑路大军造成了极大的困难。白茫茫的雪地给他们留下了极深的印象，所以叫作“白茫雪山”。从此，“白茫雪山”一词代替了“聚拉”“聚

白茫雪山 李纲 / 摄

贡拉”之称。过去，从 12 月至次年 4 月白茫雪山冰封雪阻，都不能通行汽车，给德钦的物资供应造成困难。后来，有了铲雪车，交通得到改善；再后来打通了隧道，汽车畅通无阻。“白茫雪山”这个称呼从 20 世纪 50 年代一直沿用到近年出现“白马雪山”为止。

20 世纪 80 年代迪庆在北京出版一本风光画册，当时在京工作的一位迪庆籍翻译在翻译藏文时，根据白茫雪山恰似一朵朵莲花这一特点，译作“贝玛贡日”（莲花雪山）。画册主编认为这是画龙点睛，既与卡瓦格博圣地里的“莲师洞”联系起来，又跟汉文的“白茫雪山”完全对上了音。从此，“白茫雪山”译成藏文均译为“贝玛贡日”。

1983 年，白茫雪山经云南省人民政府批准为省级自然保护区，于1988年晋升为国家级，2000年扩建，是我国现有的保护面积最大的以保护滇金丝猴为主的珍稀濒危野生动物及其栖息地，兼以保护横断山脉生物多样性为目的国家级自然保护区。保护区北起德钦巴咱垭口，东部以格里雪山山脊为界，南至维西县攀天阁乡的安一村，西到维西巴迪乡的南路卡，总面积2816.4平方千米。保护区内共有国家级野生保护动物22种，二级保护动物44种，以及众多的国家重点保护植物。国家一类重点保护动物滇金丝猴活跃于保护区内的核心区，结群活动，采食云冷杉和桦木树的嫩芽、幼叶、长松萝和花楸等。它们跳腾游窜、嬉戏鸣唤，给雪山林海带来特有的灵气。白茫雪山自然保护区内现有14个种群约3000只，是滇金丝猴集中居住活动的核心区。

白茫雪山国家自然保护区不仅是动物的乐园，还以植物种类丰富而著称，被称为“北温带植物区系的摇篮”。这里有维管束植物2343种，其中，被子植物2176种；裸子植物30种，蕨类植物137种。在保护区内的所有维管束植物中，被列入《国家重点保护野生植物名录》的有26种（包括1种真菌和1种虫菌复合体），其中，国家一级重点保护的野生植物有2种（光叶珙桐、喜马拉雅红豆杉），国家二级重点保护野生植物24种（桃儿七、独叶草、金荞、水青树、川贝母等）。

白茫雪山不仅仅是秋季美，这里四季都很美。春夏季节里，雪山上薄雾缭绕，冰雪消融，到处高山流水，百花争艳，特别是满山的杜鹃花灿烂绚丽；林中则百鸟争鸣，群猴嬉戏；长满灌木林的草甸草坡上还有虫草、贝母、天麻、黄芪等珍稀名贵药材。冬季有冬季的美，天女散花，纷纷扬扬，保护区内一片白色世界，

滇金丝猴一家其乐融融 迪庆州文化和旅游局 / 供图

而冷杉、云杉、落叶松，身披银装，如同一个个叱咤风云的勇士，巍然屹立于雪国的每一处，表现出难得的高洁与坚韧；莲花山下的两个U型山坳更清晰，更壮美。在这里，游客能够尽情领略雪域高原的独特风情。

哈巴雪山：金子之花，登山者的心之所向

在香格里拉市东南部，有一片被上帝格外眷顾的土地，名叫三坝，这里有三处摄人心魄的美景——哈巴雪山、白水台和下虎跳峡，它们如同三颗璀璨的明珠，镶嵌在这片土地上，散发着无尽的魅力。

哈巴雪山，山顶终年白雪皑皑，主峰挺拔孤傲，海拔5396米，四座小峰环立周围，远远望去，恰似一座雄踞蓝天白云间的银铸宝鼎，雄奇中透出无限灵秀。“哈巴”为纳西语，意思是“金子之花朵”，哈巴雪山与丽江玉龙雪山隔虎跳峡相望。随着季节、气候的变化，雪峰变幻莫测，时而云蒸雾罩，宝鼎托云欲飞；时而云雾缥缈，丝丝缕缕荡漾在雪山之间，犹抱琵琶半遮面；时而白雪衬着蓝天，雪峰熠熠生辉，雄奇中透出无限的灵秀。“白云无心若有意，时与白雪相吐吞”。

哈巴雪山属于“三江并流”世界自然遗产保护区8个保护片区中的哈巴雪山片区。保护区内因巨大的海拔高低差异，形成了明显的高山垂直性气候，4000米以上是悬崖陡峭的雪峰，乱石嶙峋的流石滩和冰川；海拔4000米以下地势较缓，地貌呈阶梯

云雾中的绿色哈巴

哈巴雪山护佑下的三坝白地 和桂金 / 摄

状分布，依次分布着亚热带、温带、寒温带、寒带等气候带，山脚与山顶的温差达22.8℃。北侧海拔3500米以上地段，冰碛湖星罗棋布，其中以黑海、圆海、黄海、双海风景最佳。黑海，因水色如墨而得名，这里天气阴晴不定，雪风吹送，湖面水气成团成片，此时若有人在湖畔长啸数声，便会引来细雨纷纷，甚至暴雨倾盆；圆海，湖小而浅，四围尽是高大粗壮的杜鹃树，每年夏季繁花似锦，花期过后，满湖落英，红白相间，嫣然无比；双海，由两个小湖组成，湖水清澈幽深，周围地势平坦，数株杜鹃点缀湖畔，花色如玉；黄海，水清见底，湖底为黄色砂石，映得水色金黄，景色奇特。

自然保护区呈立体状，在不太大的空间范围内，集中了从亚热带干暖河谷到高山寒带的各种植被类型。分布着高山寒冻植被带、高山草甸和高山灌木丛、冷杉、云杉、山地常绿阔叶林带等，植物种类繁多，保护区内有虫草、贝母、珠子参、天麻、雪莲等名贵药材；而兰花、百合、报春、龙胆、野牡丹等名花随处可见。特别是哈巴雪山几乎集中了整个滇西北杜鹃种属，从山脚到山顶分布着近200个品种的杜鹃花，占云南杜鹃种类的70%，每到花期，杜鹃破雪绽放，白雪与红花交相辉映。微风吹过，落花盖地，游人踏花而行，俗称“花上飞”，为哈巴一绝。在浓密的原始森林中，栖息着各种动物，其中不乏国家一、二类保护动物。

除雪山、湖泊、杜鹃外，哈巴雪山景区内还有许多悬泉飞瀑，仿佛雪山高洁优美的乐章，或清秀、丝丝缕缕，或气势汹涌、声喧如雷。其中尤为壮美的尖山瀑布、大吊水瀑布和龙王边

远眺哈巴雪山 迪庆州文化和旅游局 / 供图

瀑布。尖山瀑布高约40米，水量充沛，气势恢宏，水从崖顶跌落，化为蒙蒙细雨，有时在阳光的折射下，水雾幻化成七色彩虹，景致十分奇妙；大吊水瀑布，高近200米，其源头在雪线以上，属季节性瀑布，每年4～9月，冰雪融化，雪水沿陡峭的断崖奔泻而下，如天河入尘，有“飞流直下三千尺”之势。龙王边瀑布则清秀幽静，一汪清泉从崖壁喷涌而出，水清如玉，令无数游人流连忘返。

哈巴雪山下的哈巴村，近几年因旅游和登山活动越来越火爆，村子的面貌发生了很大的变化。以前除了走村入巷的小贩，基本上没有外地人到哈巴村里来。1995年10月，从昆明来了一支登山队，他们用骡马运来食物。17个人中有4人登顶成功，成为首吻那朵千年来未曾有人吻过的“金子之花”的人。回春城后，他们向外界宣布了首登哈巴雪山成功的消息。

由此，在登山爱好者中流行一

哈巴雪山 吴春光 / 摄

哈巴雪山老药山景观

哈巴雪山登山者 龙岑 / 摄

个口号：欲攀珠穆朗玛，先登哈巴雪山。的确，哈巴雪山不失为一个演练登山的理想雪山，前来哈巴村的登山爱好者和登山队越来越多。哈巴村把登山人和哈巴雪山紧密地联系在一起，有的给登山队当向导，有的做高山协助，有的办餐馆，有的开客栈，还有的帮助登山队做筹划、协调工作等事宜。村里做向导和高山协助的人们是很辛苦的，他们的任务是尽量把登山队员陪护登顶，然后安全带回客栈。每次上山，登山队员一般都轻装上阵，只背负很少的东西，而大件的装备和行李，则主要靠哈巴村人协助来背负。这不禁让人想起生活在珠穆朗玛峰下的夏尔巴人，哈巴村人和他们何其相似啊！

CHAPTER 04

大峡谷，大自然的鬼斧神工

大江大河不舍昼夜地向前奔流，有时开山劈道，有时让路回流……

长江第一湾 迪庆州文化和旅游局 / 供图

在迪庆境内，大江大河不分昼夜地向前奔流，有时开山劈道，有时让路回流，长期冲刷，竟刻凿出虎跳峡、澜沧江大峡谷、金沙江大峡谷、香格里拉大峡谷、东旺雪山峡谷等多个大峡谷奇观，水光山色变化多端，蔚为壮观。

虎跳峡：千仞绝壁，猛虎跃峡惊天雷

金沙江从香格里拉市金江镇的撒苏碧突然急转北流，形成“长江第一湾”的绝美风景，登临撒苏碧村后的小山，“长江第一湾”尽收眼底。由此金沙江在两岸青柳成行的宽阔河床上缓缓流过 35 千米后，在桥头镇钻进巍然耸立在那里的哈巴雪山和玉

猛虎跳峡

虎跳峡冬景：虎跳石 迪庆州文化和旅游局 / 供图

龙雪山之间，哈巴雪山在左边，海拔 5396 米，气贯苍穹，磅礴耀眼；玉龙雪山在右边，海拔 5596 米，高入云霄，玲珑秀丽。金沙江在这两座雪山之间劈出了一个世界上最深、最窄、最险的巨大的峡谷，展示出一种不可阻挡的英雄气概。这个望之险峻雄伟，让人心惊肉跳而又美丽神秘的大峡谷，就是排名世界第四、中国第二的万里长江第一大峡谷——虎跳峡。

虎跳峡原名虎跳涧、虎跳滩，1959 年正式定名虎跳峡。峡长 20 千米，落差 213 米，江面最窄处仅 20 余米，分为上虎跳、中虎跳、下虎跳三段，共有险滩 18 处。峡口最低海拔 1800 米，从谷底至雪山顶峰，海拔高差 3900 多米。

从香格里拉市区沿 214 国道南行 90 多千米，便到达虎跳峡镇，从虎跳峡镇过冲江河沿哈巴雪山山麓顺江下行约 9000 米，便进入上虎跳。从景区入口处仰望，金沙江铁路大桥和高速公路大桥从空中横跨虎跳峡，天堑变通途，又为虎跳峡增添了一首壮丽的诗篇。

虎跳峡得名于江心高约 13 米的虎跳石，虎跳石位于上虎跳江面最窄处，相传具有神力的猛虎借助这块巨石来回于玉龙和哈巴两座雪山之间。在入口处和景区里塑有两座石雕：入口处一块直立的巨石上，展现猛虎飞越峡谷天堑的雄姿；而景区里奔腾的江边耸立的兽中之王，却表现出越过峡谷后回头看的得意姿态。两座石雕生动地诠释了“虎跳峡”这个名字的来历。

从上虎跳的入口处的停车场，顺台阶一路下到谷底观景台，号称千级台阶，以前，老人和小孩可以雇挑夫坐轿子下山、上山。现在修了大电梯，可以直接下到谷底，极为方便，很适合带老人孩子出行。不过，还是建议年轻人和身体强壮的人步行下台阶，亲身体会离大江越来越近的感觉。

上虎跳：翠谷惊涛 迪庆州文化和旅游局 / 供图

虎跳峡以雄、奇、险、峻闻名于世，就连名扬天下的美国科罗拉多大峡谷也难以望其项背。住在金沙江沿岸的汉族、纳西族、藏族和白族人民当中，有着许多关于虎跳峡的神话。其中最富有诗意的莫过于唐古拉三姊妹的故事：传说金沙江、澜沧江和怒江，本来是青藏高原上唐古拉国王的三位公主，她们听了昆仑爷爷讲述的遥远的东方有浩瀚大海的故事后，相约联袂同行，一起到东海去寻找她们的幸福。但是，走到中途，她们遭到玉龙和哈巴两弟兄的阻挠，澜沧姑娘和怒江姑娘继续向南方奔去；而坚强沉着的金沙姑娘却不屈服，她用七天七夜的时间为弟兄俩献歌献舞，麻痹他们，等到他们沉睡进入梦乡时，她突然转身向东北疾行，从两兄弟铜墙铁壁般的防线中冲出一条生路，以锐不可当

中虎跳虎门关 迪庆州文化和旅游局 / 供图

之势向东海奔去了。唐古拉三姊妹的故事给后人留下了美丽的遐想：虎跳峡里的陡坎，是金沙姑娘留下的音符；而下虎跳的三个大滩，正是金沙姑娘如愿解脱后得意的三声大笑；哈巴雪山半山腰的望江台便是玉龙王子用剑削掉的哈巴的脑袋……

进入上虎跳，金沙江在这里突然变窄了，有一块巨石兀立江心，这就是著名的虎跳石。峡谷两岸峭壁连天，壁立千仞，森严嵯峨，汹涌澎湃的江面在这里也突然下降，形成了一条巨大的、势如万马奔腾的激流，狂奔怒吼，虎跳石似中流砥柱，屹然独尊，江流与巨石相搏，发出阵阵轰鸣，惊心动魄。尤其是雨季，场面更为壮观，江水变得更大、更浑，那滚滚而来的层层巨浪，犹如一条狂怒的黄龙，翻滚着，咆哮着，逐浪滔天，就连高大无敌的虎跳石，也不能幸免被巨浪吞没。此时，自然界中惊、险、奇、绝之奇景，表现得淋漓尽致。

旱季里，峡谷中的金沙江比雨季时温顺多了，江水变得清澈、碧绿，绿得像一条翡翠色的绸带。从香格里拉东环线虎香路上的下虎跳“虎跳金沙狭路相逢”观景台和中虎跳“望天瀑观景台”，一览虎跳峡全景，“翘首长空天一线，俯瞰江水曲千回”，宁静的江水，在大山中蜿蜒流淌，是那样的壮观，那样的美丽，又是那样的温柔。雪山、峡谷、江水、村落，在这里组成了一幅动人的画卷，时间仿佛静止了，让人陶醉其中，流连忘返。

虎跳峡三个景点中，上虎跳以“峡口”和“虎跳石”称雄，中虎跳以“满天星”和“一线天”为险，而下虎跳则以“高峡出平湖”和“大具风光”为美。

上虎跳有旅游栈道，适合大众游客，一般游客游览完上虎跳就到此为止了。中虎跳距离上虎跳峡观景台约 8000 米路程，峡口比上虎跳略宽，江中礁石林立，金沙江在不到 5000 米的地段内下跌百余米，江水像一条夺关劈隘的苍龙，横冲直撞，惊涛拍岸，两岸的岩壁如刀削斧砍，峭壁环锁；可以体验“一线天”和“满天星”的神奇景观及核桃园；江边怪石嶙峋，江水激荡奔涌，运气好的时候能看到绮丽的彩虹，也可观赏玉龙十三峰。金沙江水在深谷间激荡前进，左冲右突，挣脱群山的封锁，终于夺路而出，江水在下虎跳段平缓了很多，这里有纵深 1000 米的巨大深壑，峡谷的惊险渐渐消失，接近虎跳峡的出口处，视野广阔，两眼所见是良田阡陌，既可领略金沙江轻歌曼舞、三回九转的情景；又可眺望哈巴雪山和玉龙雪山的雄姿。

游中虎跳、下虎跳有两种选择：一种可借助汽车游看重点，省力快捷；另一种则是徒步穿越。现在香格里拉东环线全是柏油路，很安全，连老人孩子都能从东环线公路上的两个观景台俯瞰上、中、下虎跳，不过中虎跳和下虎跳的惊险与优美是远处感受不到的。如果想近距离接触中、下虎跳峡，只能选择徒步穿行。

虎跳峡徒步路线早在 20 世纪 60 ~ 70 年代就已开通，很多著名作家、诗人都曾穿越过此线，并写下了优秀的游记。此徒步线已经成为国内经典徒步线路，被誉为“世界十大经典徒步线路”之一。论难度，虎跳峡还算不上世界顶级，但论壮观，它可绝对当仁不让。正如驴友们所说：这条线路非常美，身旁是哈巴雪山，远处是玉龙十三峰，脚下是奔涌的金沙江水，一路丛林、峡谷、古道、瀑布。每一步都像是在与大自然进行一场亲密的对话，每一次呼吸都能感受到生命的蓬勃与壮阔。无论你是徒步爱

下虎跳秘境大具 迪庆州文化和旅游局 / 供图

猛虎跳峡之威

好者，还是自然与文化的追随者，虎跳峡都是一条值得一走再走的经典线路。它不仅是一次身体的挑战，更是一次心灵的洗礼。

澜沧江大峡谷：怒山云岭，澜沧江水剑光寒

滚滚滔滔的澜沧江像一把锋利的宝剑，在横断山脉中切割出好几百里长的高山深谷地貌，这里重山叠嶂，沟壑交错，形成特殊的雪山峡谷，这漫长的峡谷被叫作澜沧江大峡谷（现在也有称梅里大峡谷）。而澜沧江峡谷中最惊险、最壮丽的要数德钦境内北起佛山乡、南至燕门乡的长达 150 千米的深谷地段，该段澜

沧江蜿蜒咆哮于云岭山脉和怒山山脉之间，江面海拔为2006米，直线往上到梅里雪山主峰卡瓦格博海拔6740米，最大高差4734米，两岸切割剧烈，形成奇异绝妙的地理构造。左岸的赞卡瓦格博众山之王和右岸的白茫雪山骑鹏战神从东西两面，静静地守护着脚下这条永不宁静的大峡谷。它是中国最美十大峡谷之一，也是一条世界级著名大峡谷。

从德钦县城沿去石棉场的老路上，澜沧江大峡谷尽收眼底，风光奇绝。大峡谷峡高江面缩，江流汹涌，从卡格博峰顶到澜沧江边的卡瓦格博大桥，整个坡面的直线距离仅为12千米，平均每间隔1000米，地势就升高397米。如此深切、陡峭的高山纵

澜沧江大峡谷梅里段

澜沧江大峡谷云岭段

谷地形，在我国乃至全世界都是罕见的。峡谷坡面呈近垂直状态，再加上悬殊的流水落差，浪卷起风，风推着浪，掀起排排巨浪，发出巨大的轰鸣，如万马奔腾。真可谓“隔河如隔天，渡河如渡险”。

澜沧江大峡谷上段的佛山乡溜筒江村的溜筒江渡口，是澜沧江上最艰险的古渡口，是茶马古道必经之地，扼滇茶北运及藏货南销之咽喉，有“溜筒锁钥”之说，是出了名的险关要隘、军事重地，犹如一把铁锁锁住关口，确有“一夫当关，万夫莫开”之势。澜沧江穿山过峡，波浪滔滔，沿线船筏极少，多以溜索过渡。在漫长的年代里，人们靠篾索桥过往这凶险之江。过桥的工具为一个大竹筒，倚此在篾索上滑过，因此称为“溜筒江”。渡口选择在江面较窄、两边巨崖对立的地段，两头竖以圆木，周围垒起巨石，把竹、藤绳紧系于两头圆木上。溜索除渡人外，有时也渡骡马等牲畜和货物。竹藤溜索易断，木制溜帮易损，渡江时死人沉物事件时有发生。过溜，身如空中落雁，风驰电掣一般，许多第一次过溜的人都有魂飞魄散之感。胆小者，轻则惊吓成病，重则惊死峡谷。

过溜筒江的风险在许多人心里造成了极大的阴影，人们都急切地希望澜沧江上能有一座桥。1946 年，做滇藏印度生意的丽江籍商人赖耀彩出资，历时两年在澜沧江上建起了一座铁索桥，命名“普渡桥”，取佛教“慈航普渡”之意。从此，人马可顺利渡桥。为颂扬捐资修桥者的功绩，丽江文人和庚吉撰写了《普渡桥碑记》，石碑立于西岸巨石之上。如今，澜沧江上架起了数十座水泥拱桥和钢索桥，这些桥犹如长虹横跨大江，使迪庆的内外

滔滔澜沧江

澜沧江大峡谷佛山段

交通变得非常便捷，为建设美丽家园发挥了重要的作用。

詹姆斯·希尔顿在《消失的地平线》中描写的“蓝月谷”，正是澜沧江大峡谷的风光：“岩壁垂直地向下延伸，形成一条裂缝”“峡谷犹如深渊一般迷雾朦胧，只见谷底一片翠绿，郁郁葱葱”“尽管这是一个狭长的地方，却能有幸在每天正午的时候得到最强烈的日照”“整个山谷就像是被陆地包围的港湾，而俯瞰着它的卡拉卡尔雪峰（即卡瓦格博峰）就是港口的灯塔”“峡谷景色壮美险峻，要是有什么障碍物碰巧堵住了出口的话，整个山谷就会变成一个湖泊，四周高山上的融雪仍然会源源不断地滋养着它”……这真是让希尔顿说对了，传说卡瓦格博太子来到绒地后，住在山下八大宗里的山妖们怀恨在心，一起商量把澜沧江水堵起来淹死卡瓦格博，随后发生了卡瓦格博降服八大宗的美丽故事。游客们若是亲临澜沧江大峡谷，见到的正是希尔顿笔下的这种景致。

大峡谷里云岭乡境内的燕子崖江岸更窄、更陡，不足 20 米，相传被猎人赶急了的獐子能一跃而过。两岸悬挂的危崖鬼斧神工，如飞燕，江流急速，波涛翻滚，吼声如雷。相传，很久以前，上游是一个泽国，为给下游种田灌溉方便，雪山太子用长长的鞭子把岩石劈开，因鞭子太细，江面也就十分狭窄。每逢藏历重大节日，这里香烟缭绕，常有烧香叩拜的群众。江水流到燕门乡境内，江面逐渐开阔，水势逐渐平缓；在华丰坪附近幽静的江流轻轻绕过一乳形神山，远观酷似一弯蓝月托起一颗翡翠宝珠，形成“蓝月谷”天然奇观。在澜沧江大峡谷下段江岸出现大片平畴沃土，阡陌纵横，豆麦飘香，不时能见“杏花春雨江南”风光。

峡谷两岸藏族村落星星点点，茫茫无际的原始森林从河谷一直分布到雪峰附近崇山峻岭中；这里还生长着大量的名贵经济林木和药用植物，栖息着许多珍奇动物，蕴藏着丰富的矿产，被誉为动植物和矿产资源的自然宝库。

在 2005 年由《中国国家地理》杂志社举办、全国近四十家大型媒体协办的“中国最美的地方”评选活动中，澜沧江大峡谷以其雄浑壮美的地貌景观和极具视觉冲击的震撼力，入选中国最美的十大峡谷之一。专家评语为：“云南之巅的梅里雪山和云岭之奇的白茫雪山，静静地注视着脚下这条永不宁静的大峡谷。澜沧江在这里孕育了波澜激越的动力，才有资格成为中南半岛的大动脉。”

香格里拉大峡谷：造化神秀，峡谷深处藏奇观

从香格里拉市区出发，沿 214 国道往西北方向行驶 40 千米来到岗曲河大桥，从大雪山脚下流出的岗曲河在这里汇入金沙江。溯岗曲河而上，行驶 17 千米来到巴拉格宗神山脚下的巴拉格宗风景游客中心。景区位于滇川交界处尼西乡境西北部，是“三江并流”世界自然遗产红山片区的重要景区之一，总面积约 76 平方千米。巴拉格宗景区东与格咱乡碧融峡谷相邻，合称“香格里拉大峡谷”。不过，这两个景区中间隔着格咱乡，互不相通，且中间有几处峡谷不通路，悠游近百里，仍为两个不同的景区。

巴拉格宗景区最高点巴拉格宗雪山，海拔 5545 米，是香格

巴拉格宗天然佛塔银装素裹 巴拉格宗景区 / 供图

里拉市第一高峰。“格宗”意为“白色城堡”，因山腰坐落着巴拉村而得名“巴拉格宗”，即“巴拉的白色城堡”。格宗雪山的三座雪峰被认为是三兄弟，他们肩并肩，犹如三座金字塔，险峰俊秀，森然威严，古松巨岩相衬托，云烟朝日互辉映；白云像一朵朵棉花在山腰飘荡着，仿佛挽住美丽的天然佛塔在蓝天下翩翩起舞。景区内景点甚多，囊括了雄奇的香巴拉天然佛塔、峡谷奇观，以及原始森林、高原湖泊、高原牧场、冰川等绝美景色，以高、深、险、奇闻名。巴拉格宗峡谷最低海拔为 2050 米，与顶峰三兄弟之间海拔落差达到 3495 米，这样大的落差内包含了从干热河谷到现代冰川六个气候带。立体山脉、立体气候、立体植被等所有的自然资源，造就了巴拉格宗的生物多样性。

巴拉格宗景区以峡谷景观为主体，佛教文化、神山文化及民

星光下的香巴拉佛塔 龙岑 / 摄

俗风情文化为其注入灵魂，山水充满生机。景区入门处有一棵千年菩提树，足有三四十米高，遮盖了大半个悬崖，树干被哈达层层包围，更让人惊奇的是离地面一人高的树干上长出一只“佛手”，五个指头惟妙惟肖。走进长约 5500 米的谷底栈道，向上仰望，两边悬崖撑着一线青天，令人心惊肉跳；更为奇巧的是在上半段不到 2000 米的深谷里竟有三处垂直跌水，形成高达数十米的谷中瀑布，十分壮观；山间花草葳蕤，山腰还有亭亭玉立的热带植物棕榈树，谷中鸟语花香，下半段岗曲河里还可体验峡谷漂流。进入景区的谷底栈道，仿佛进入龙宫神界，又仿佛进入梦幻世界。

从水庄大酒店坐景区大巴上山，盘山路两边的美景一个接着一个，目不暇接。上行约12千米到半山腰时，巴拉村赫然映入眼帘，群山如八瓣莲花将巴拉村环抱，进入村里，可流连于古色古香的民居间，观赏充满藏文化气息的各种设施。村前台地上的“拉则”（经幡台）和桑特（烧香台）格外引人注目，经幡猎猎，桑烟袅袅，恍若仙境。由此进入“卓玛拉康”庙宇，可领略藏传佛教文化的深奥。

继续向上，来到海拔 3100 米的第二层栈道，即空中栈道，这里更精彩、更刺激：两旁渊壑深不见底，云从山下冒出，风摇动着半山松林，青山绿水，千重万叠；在回音壁聆听声波的反射，给人造成一种“天人感应”的神秘气氛；在万丈深渊之巅，挑战高空索道、悬崖边上的镂空栈道和玻璃栈道，惊险刺激。站在玻璃平台上俯瞰巴拉格宗景区，一睹其雄伟壮观的景色，“举头红日近，回首白云低”，让人有种走进了仙境的错觉。

从回音壁上到海拔 4250 米的巴拉牧场，当壮美的香格里拉

巴拉格宗天然佛塔及诸罗汉山 巴拉格宗景区 / 供图

巴拉格宗三兄弟雪山 巴拉格宗景区 / 供图

天然佛塔跃入眼帘的那一刻，你会感到一切都值得。天空是那么近，仿佛伸手可触；鬼斧神工锻造的天然佛塔是那样的神奇，让人百看不厌；天然佛塔周边的一座座岩石山凸凹明显，错落有致，犹如罗汉在禅修，栩栩如生；四面环山的巴拉牧场，幽静、温馨、舒适，令人迷恋！

从山脚到高山牧场，山路十八弯，真正能体验到什么叫一山见四季：“河谷盛夏山区春，高原艳秋雪山冬”。如果在巴拉古村住上一宿，傍晚可以欣赏晚霞，清晨可以聆听鸟语，领略巴拉格宗峡谷的无限风光。

巴拉格宗景区，是一处难以用言语形容的绝美之地，一种超越寻常的极致之美。这里汇聚了雪山、峡谷、河流、古村、庙宇、佛塔、牧场、湖泊，以及绚丽多彩的民俗文化，宛如一幅巧夺天工的画卷，堪称世间罕见。景区内全程提供观光车服务，每一站皆是“车等人”，游客可随到随坐、随坐随走，服务质量堪称一流。凡到此一游的游客，无不伸出大拇指赞叹不已。

巴拉格宗大峡谷

香格里拉大峡谷的另一半，碧融峡谷在香格里拉市往四川乡城的省际公路103千米处的翁水村，进入碧融峡谷，劈山而出的一条小河由谷底流出，河谷两边绝壁千仞，直耸云天，一路上水声轰鸣，雾气空蒙，两岸尽是坡度70度至90度的悬崖绝壁，与谷底的高差在1000米至2000米之间，仰观摇摇欲坠。碧融峡谷平均海拔超3000米，峡谷长10多千米，最宽处80米，最窄处仅10余米，几欲相撞。隆隆水声，回荡在峡谷里，令人心惊胆战，河里波涛翻滚，呈现出万千姿态。山峰连绵不断，令你渐入绝境，却又峰回路转，不由得慨叹：柳暗花明又一村啊！游人一般走到第四座桥，再往前就是茫茫的原始森林，峡谷两边的高壁上大多为冷杉、云杉，葱郁滴翠，树干粗大笔直；还有高达数十米的山棕榈树生长在悬崖绝壁上。游碧融峡谷，让人感觉好像一次从一个世界到另一个世界的心灵之旅。

CHAPTER 05

湖泊，仙女遗落的明镜

在迪庆人民心目中，湖泊是天上的仙女遗落的镜子。

南极洛天湖 李跃斌/摄

在迪庆人民心目中，高原上纯净幽静的湖泊充满了灵气，人们认为湖泊是天上的仙女遗落的镜子。据不完全统计，全州有数百个大小湖泊，有的坐落在辽阔的高原草坝上，有的位于冰峰雪岭之下，更多的隐蔽在茫茫林海之中。

普达措：碧塔属都两相映，风姿绰约醉人间

普达措为国内最早命名为国家公园的景区之一。从香格里拉独克宗古城往东北方向行驶 35 千米，便可抵达普达措国家公园。沿途可经过纳姆措、霞给温泉、天生桥等景区，仿佛是一幅流动的画卷，每一处景致都让人陶醉。

普达措的“普达”为梵文音译，意为“海岛、光明”。“普达”

普达措国家公园

二字与浙江南海观音的道场普陀山的“普陀”和西藏布达拉宫的“布达”的意思是一样的，只是译成汉文时用了不同的字，便有了不同的发音罢了。

普达措国家公园由碧塔海、属都湖及弥里塘亚高山牧场组成，属省级自然保护区，是“三江并流”风景名胜区的重要组成部分，总面积约1313平方千米，弥里塘最高海拔4159米。其主要景点为碧塔海和属都湖，两个美丽的淡水湖素有高原明珠之称。景区内还有水美草丰的牧场，百花盛开的湿地，飞禽走兽时常出没的原始森林；湖中还有两种很古老的鱼——裂腹鱼、重唇鱼，为第四纪冰川时期遗留下来的古生物，更是闻名遐迩。

进入普达措国家公园，首先映入眼帘的景点是圣洁而又高远的属都湖。属都湖是因牧场而得名的一个高原湖泊，海拔3705米，湖面面积约1.2平方千米。属都岗牧场是香格里拉有名的牧场，这里草场广阔，水草丰茂，每年春夏之际，成群的牛羊游弋于湖畔，牧棚星星点点。“属都”意为奶酪品质优良，好比石头一样结实。传说很早以前，有位高僧云游到此，牧民们向他供奉食品，他感到奶酪质量极好，非常好吃，就祈祷说：“愿这里产的奶酪如同石头一样结实。”这是此地牧场叫“属都岗”、湖泊叫“属都湖”、河流叫“属都河”的缘由。蓝蓝的湖水映着雪白的云，青山起伏连绵，湖光山色得天独厚，水韵风姿绰约，清丽醉人，仿佛能够洗净心灵的尘埃；无风的时候，湖面静得似美女进入梦乡；和着柔柔的微风，微澜鼓起的浪花吻着流云的倩影；原始森林里的各种林木千姿百态，枝上挂满松萝，气象万千。春夏，湖缘草甸上布满了马先蒿、银莲花和报春花，繁星

属都湖冬韵 迪庆州文化和旅游局 / 供图

属都湖秋色 迪庆州文化和旅游局 / 供图

属都湖 李东红/摄

普达措牧场

似的贴着地面开放着，使人心旷神怡；秋冬，湖东面成片的白桦林一片金黄，成群的黄鸭、野鸭等飞禽在湖边嬉戏，天然成趣。

碧塔海位于保护区核心部位，雪山溪流汇聚而成，湖水镜映，群山环抱，原始森林遮天蔽日，高大粗壮的云杉、冷杉直指云霄，湖畔四周，栎叶杜鹃，浓郁葱茏，碧塔海就像一颗镶嵌在群山中的蓝宝石。“碧塔”，藏语意为“栎树如织的地方”，的确，这里的栎树，树干奇特苍劲，树形优美多姿，枝繁叶茂。碧塔海湖面海拔 3539 米，东西长约 3000 米，南北宽约 700 米，湖水最深处约为 40 米，水域面积 1.59 平方千米。林木倒映水中，水中有绿林，绿林中有水，清波荡漾，颇有“半湖青山半湖水”之感。湖的东南面和西北面是一片片草场，草深过膝，春夏之季，奇花芳草，争奇斗艳；秋冬时节，一片金黄，牛马羊群，相戏其间。

碧塔海是一个充满诗意的地方，蕴含了丰富的自然和文化内涵。植被丰厚，古木参天，俨然就是一个天然的植物园，原始森林中还栖息着麝、熊、豹、金猫、毛冠鹿、藏马鸡等多种珍禽异兽。春夏季节，奇花芳草争奇斗艳，湖周边满是绽放的杜鹃花，映红整个湖面，落花漂浮在湖面上，因杜鹃花叶含有微毒，鱼吃了中毒，就会肚皮翻天，漂浮于湖面，形成“杜鹃醉鱼”的奇观；而冬眠初醒、饥肠辘辘的老熊来到湖边觅食，发现漂浮在湖面的那些鱼，就迫不及待地跳入湖里打捞，美餐一顿，又为碧塔海增添了一个“老熊捞鱼”的奇观。因为“杜鹃醉鱼”现象，民间传说“碧塔海是毒湖”，藏族英雄史诗《格萨尔王传》的《姜岭大战》中描写的格萨尔与姜国无敌大臣白图决战之地“毒湖”，指的就是碧塔海。

碧塔海中有一孤岛，漂浮在万顷波澜间，人们称之为“湖中之岛”，它是碧塔海富有特色的又一景观。乘船到岛上，小岛路径曲幽，芳草袭人，花香鸟语，一片天籁之音，仿佛是一座水上仙山，令人浮想联翩。岛上长满了栎树、云杉、冷杉和杜鹃，浓荫蔽日。春夏之际，杜鹃花破蕾绽放，红白争艳，像一个极其艳丽的花环镶嵌在小岛上。碧塔海是明代丽江木氏土司经营过的地方，湖中小岛上建造了庙宇，传说是木天王的避暑地。

普达措国家公园为了使淡季也热闹起来，特别开辟了冰雪之约项目——普达措戏雪广场。戏雪广场包含众多趣味体验项目，游客能够感受雪圈冲浪的刺激，雪地转圈带来的欢乐旋转，在雪地悠波球里尽情嬉戏，从雪片滑道上呼啸而下，还有冰雪两用车能带来体验独特的冰雪乐趣，儿童乐园戏雪区为儿童游客提供专属的玩雪天地。还有许多夺人眼球的项目，如驾驶冰雪小坦克在冰雪中穿梭，坐上可爱的大黄鸭一起拍照打卡，骑着

碧塔海 李东红 / 摄

雪地自行车享受冰雪骑行的乐趣，乘坐网红冲锋舟体验别样的冰雪之旅……

普达措国家公园风景秀丽，雪山、湖泊、湿地、森林、戏雪广场等构成一幅天然的画卷，这里仿佛是一个无任何污染的童话世界，心灵圣境，梦里天堂。

纳帕海：湖光山色，纳帕海畔仙鹤舞

从香格里拉市独克宗古城顺 214 国道向德钦方向行 8000 米左右，就到了古城西北部最富于高原特色的风景区纳帕海。纳帕海，藏语称“纳帕措”，意为“森林背后的湖泊”，三面环山，周边是依拉草原，南面与结塘坝子相连。

纳帕海自然保护区建立于 1984 年，总面积 24 平方千米，属湿地生态类型自然保护区，主要保护高原季节性湖泊、沼泽草甸，以及国家一级保护动物黑颈鹤等候鸟在此越冬。纳帕海由一系列池塘、沼泽组成，是国际重要湿地之一。纳帕海自然保护区是香格里拉独具高原特色的风景区之一，也是香格里拉最宽阔的草原。

纳帕海是一个季节性较为明显的湖泊，水量补给主要依靠地表径流旺曲河、纳曲河、青龙潭河，从东面的结塘坝子经依拉草原流入西面三面环山的“纳帕措”里，还有降雨、冰雪融水和湖泊两侧的涌泉。纳帕海的出水口极为特殊：湖泊西北隅分布有 9 处天然落水洞，湖水通过落水洞下的暗河潜流 10 多千米后，再

水天一色 纳帕海

从山体另一面的尼西汤满、五境吉仁、五境仙人洞等地流出，注入金沙江。春夏季节，冰雪融化，雨水频降，无数涓涓溪流辗转草原归入其中，湖面增大，水面大时可达 10 平方千米，一片汪洋。到了秋冬季节，草枯水冷，湖水下落，荡漾的湖面逐渐萎缩至 3~5 平方千米，变幻成一片高山牧场。纳帕海的干湿季分明，5 月至 11 月为明显湿季，11 月至次年 5 月为明显干季，具有明显的高原气候特征。

纳帕海与依拉草原是连成一体的，犹如亲姊妹，不分彼此。雨季时，大部分草原被湖水覆盖，就成了“海”；旱季里，湖水退去，便成为草原。纳帕海风景区湖光山色随季节的更替而变化，游客至此，可“春看绿草夏看花，秋观狼毒冬观雪”。

四五月，石卡雪山山峰还是白雪皑皑，依拉草原却开始泛绿。因这里气候湿润，牧草生长比同类地区要快一些，草原方吐嫩芽，而纳帕海已是绿草茵茵，一片生机勃勃的景象。

6月，进入鲜花盛开的季节，杜鹃花、龙胆花、鸢尾花、报春花、马先蒿轮番登场，竞相开放，争奇斗艳，草甸成为一块巨大的花毯。那湖面的蓝、群山的绿，融为一体，浩渺湖面平如镜。草原上成群的牛羊随草海起伏，如在海中沉浮，“风吹草低见牛羊”。

夏季，纳帕海宛如碧波荡漾的海洋，“海面”漂浮着一片片各色野花和水草，各种水鸟快活地嬉戏其间。湖面上乍然而起的水鸟或是偶然跃出水面的鱼儿，把倒映在湖中的山色、村落的倩影搅得颤颤巍巍。在水草丰满的湖边，牛、羊、马、猪成群结队，与草原融为一体，形成一幅美丽的画卷。

纳帕海一角 吴春光 / 摄

9月，秋风渐起，山上的桦柳、落叶松、阔叶林，层林尽染，金黄灿烂；山脚春夏时节黄灿灿的狼毒花变成了红艳艳的，把依拉草原染成红色的世界。

秋后，湖水退去，袒露出大片大片带有海腥味的草滩，其间布满众多的虫子和鲜嫩的草根，为鸟类提供了丰富的食物。由于居民的悉心爱护，每年10月下旬，成群的候鸟从青藏高原、西伯利亚等地如期而至，在纳帕海越冬，从不失信。纳帕海成为国家一类保护动物珍稀飞禽黑颈鹤和省级保护动物珍稀飞禽斑头雁、灰雁和灰鹤等珍禽候鸟良好的栖息场所。

冬日的纳帕海显得更加深邃，更有诗意，山头白雪皑皑，山下雪景如画，黑颈鹤、斑头雁、白鹤、天鹅、黄鸭、麻鸭等几百种鸟类数万只在草丛中、沼泽边、水面上觅食、嬉戏、漫游，使广阔空灵的草原别具一番诗情画意。

纳帕海自然保护区扬名于黑颈鹤，被称为“高原仙子”黑颈鹤栖息的乐园。黑颈鹤是纳帕海主要保护鸟类，也是世界上现存的15种鹤中唯一栖息在高原的种类。藏族群众视黑颈鹤为神鸟，传说中它从天上衔回了青稞种子，造福了高原人。当地人依照传说，信守“鹤不吃青稞，人不伤鹤”的约定，从不伤害这些优美、漂亮的天使。黑颈鹤也对此地情深谊长，栖居长达7个多月，翌年4月才离开。在纳帕海，鸟类与人十分亲近，常在村舍旁、帐篷边落脚过夜，人鸟共处，一片和谐景象。

纳帕海因为这一片湖光山色，这一片草甸湿地，才有了横断山中一座重要的鸟类“驿站”，成为鸟类的家园，才有了众多游客心中的向往，才成为自然保护者和众多观鸟爱好者的胜地。

依拉草原

纳帕海风光

纳帕海冬景 李东红 / 摄

游客游玩纳帕海，既可自驾或包车环湖，也可骑自行车环湖，全程 20 多千米，一路欣赏草原、湖泊、雪山。在景区里可以骑马绕湖、观鸟；在景区南面，可以观赏郁金香、体验民风民俗；在纳帕海西北登临衮钦寺遗址，极目远眺，感受自然的博大；观光“香格里拉高山植物园”，近距离接触珍稀动植物；返程途中还能远眺金碧辉煌的松赞林寺。

纳帕海既是鸟类的乐园，也是人类观鸟的天堂。迪庆拥有 454 种鸟类，占全国鸟类 1508 种的 32.1%，这是天时、地利、人和共创的奇迹。纳帕海草原最佳的观鸟期为每年的 10 月底至翌年的 4 月份，在纳帕海及其周边就足以观赏到上百种美丽的鸟儿。

2016 年，以“生态迪庆、飞羽天堂”为主题的首届香格里拉冬季观鸟节在纳帕海湿地及普达措国家公园举办，到 2024 年共举办了六届。每届观鸟节都有新发现，比如发现了极稀有鸟种“中华秋沙鸭”“青头潜鸭”等，有的摄影作品还获得了中国摄影家协会的金奖，极大激发了观鸟爱好者们的热情和兴趣。

香格里拉高山植物园是我国云藏地区第一个公益性植物园，位于纳帕海国际重要湿地北山，海拔 3200~3600 米，是全世界海拔最高的专业植物园，供游客观光。植物园自 1999 年开始筹建，2015 年向公众开放，占地 0.67 平方千米。该园扎根横断山区与青藏高原开展植物多样性保护、研究、科普、旅游和社区发展工作。园区就地和迁地保护当地野生植物 1500 余种，保护鸟类、昆虫、两栖爬行和哺乳动物 300 余种。每到旅游旺季，这里都会呈现一派人与珍稀动植物和谐共处的景象。

南极洛：三江秘境，峰回路转画中游

如果你喜欢高山湖泊、森林花海、雪山瀑布，想要去一处放飞心灵的秘境，那你一定要来德钦巴迪乡南极洛。这里既有壮丽的山川，又有清澈的湖泊，还有丰富的民族风情，是一处未受丝毫污染的纯洁之地，一块隐藏在滇西北的瑰宝。这里极致的美景定会使你收获满满，不负此行。

南极洛位于巴迪乡境内碧罗雪山中段，是一处迄今为止很少人涉足的地方。这里地处“三江并流”世界自然遗产腹心，属亚热带季风高原山地气候，立体气候十分明显。由于碧罗雪山西部

是怒江，东部是澜沧江，两条大江每年输送大量的水汽在高山区域形成降水降雪，是迪庆州降水最为丰沛的区域。低纬度、高海拔使南极洛水热条件非常优越，加上地处青藏高原向寒植被带与南亚热带区系间， 使这里的生物多样性极其丰富，与众多的冰碛湖与陡峭的山峰组合成无与伦比的自然景观。景区顺山势由下而上，依次由原始森林、高山草甸、雪山湖泊组成，而湖泊则是这里的主要景观，有圆湖、中国湖、圣女湖等 11 个大小不等的高山湖泊，湖面碧翠如玉，清澈如镜，幽蓝而醉人。在古老的传说里，南极洛只有山、水、森林和草甸，有一次，卡瓦格博山神骑着高大的骏马从燕子崖返回梅里雪山途中经过南极洛，下马饮

南极洛风光 董继荣 / 摄

水时手中的佛珠不慎掉落，于是就有了现在的湖泊群……

从维西县出发，汽车溯澜沧江逆流而上到了巴迪乡，从铁索吊桥跨过澜沧江后，一直在弯曲的山路上迂回曲折驶往南极洛。南极洛景区内海拔从 2800 米的南极洛河向上抬升，一路上可观赏原始森林的美景。走在林间，触碰微风的温柔，聆听鸟儿的嬉闹。时有山涧溪流显现，不时还可看到如银色锦缎在山间垂直坠落深不见底的瀑布，让人赏心悦目，如入仙境。一路在不断的惊奇中前行，人在林中，林在山中，山在云中，云在蓝天。行至海拔 3300 米的景区一号营地接待区，向上仰望，“措觉姆”湖泊群的水流似从天而落，隐匿于林间树梢，又从密林深处传出它奔腾的咆哮声，让人惊叹大自然无穷的魅力。

南极洛景区，春、夏、秋、冬四季都有自己的特点：春天，花在枝头雪垫地；夏天，树绿岸沿映湖波；秋天，叶橙风高遍红舞；冬天，白雪覆身神女现。

一路斜坡蜿蜒而上，曲里拐弯如履天梯，海拔升至 3700 米，可观赏南极洛湖泊群风景区的 1 号“舞蹈湖”（也叫葫芦湖），传说每年初雪化融，草尖吐蕊，就会有翩翩的仙女降临于此湖边，歌舞欢唱抚摸草甸，呼唤花的汁液，提醒草的脉络。

翻过怪石嶙峋的第一个垭口后视线顿时开朗起来，前行 1000 米后，忽然，一汪汪湖泊映入眼帘，幽深神秘，湖岸高山针叶林密布，层峦叠翠，令人心胸豁然开朗。

溯清澈的河流一路向上，来到 3 号“湖心湖”（圆湖），从高处往下看，它像一颗跳动的心脏，接受着从天鹅湖（中国湖）奔流直落 50 米而来的瀑布。

春到南极洛 施玉丞 / 摄

南极洛瀑布 赵东征 / 摄

南极洛秋景 施玉丞 / 摄

向上缓行 2000 米，前面的小山包上是前人所设立的 2 号营地（活动大本营），往前看，“中国湖”就在眼前，这分明是一幅山水画卷：湖泊犹如中国地图的轮廓，画面静谧，啊咯姆山峰巍峨的身姿倒映在湖中，山峰与湖泊之间的瀑布像一条条洁白的哈达从天而落，水声恰似一曲交响乐，令人默然静听。

沿着蜿蜒的山路前行，一路上，风景如画，让人陶醉。5 号“圣女湖”，跟它的名字一样美丽，幽深而神秘，它默默伫立在这里千万年，但它并不孤寂，四周巍峨峻峭的大山守卫着它，千变万化的云雾生生不息伴随着它。一阵微风吹过，镜子般的湖面波动起来，泛着绿莹莹的波光。湖边的风景同样迷人，绿树成荫，杜鹃花争相盛开，让人流连忘返。

沿崎岖碎石山道向上，来到海拔 3800 米左右，坡上开满各种各样的野花，如夜空中的繁星。南极洛的野花随处可见，不管是潮湿的草甸、台地还是干冷的石堆上，都可以看到它们娇艳绽放的身影。远观并不起眼，走近了才会发现它们美得那么清新纯粹，有的一小簇一小簇挤在一起，就像是一个个彼此亲密拥抱着的小家庭，温馨、可爱而美丽。花卉有杜鹃、报春、龙胆、灯笼、百合、金不换、绿绒蒿，还有红景天、雪茶，等等。南极洛的雪莲花更是不畏风雪，勇敢绽放在雪山之巅。

继续向上前行，沿途雪线提升，山崖贴地植被密布，石壁黝黑灰白相间，走 4000 米直达南极洛景区的制高点海拔 4250 米的垭口，是个巨大的观景平台，站在平台上俯瞰整个南极洛景区，犹如一幅美丽的画卷，四面环山，湖水黝黑平静，恰似一泓上苍手中晃动的泪珠，难怪人称南极洛湖泊群是“上帝遗落人间的眼泪”。坐在山巅，看身边白云飘过，看脚下云卷云舒，体会时光静好。

有人这样评价南极洛：如果说南极洛的晴天是一幅绚丽多姿的油画，那么，南极洛的阴天便是一卷恣意泼墨的山水画。有些风景看过便忘了，有些风景会留下模糊的记忆，而有些风景会与灵魂共鸣，刻骨铭心。

南极洛冬景 余和光 / 摄

千湖山：翠湖点缀，千湖山色醉游魂

千湖山位于香格里拉市小中甸镇团结村境内，从香格里拉市区出发。沿 214 国道往南行 40 千米，就到了小中甸镇团结村入口处。景区处于未开发状态，开车进入团结村下吉沙后需雇当地马匹和向导，经过约两小时徒步，进入千湖山核心区域。

传说，仙女在天宫梳妆时，不慎把镜子打破，宝镜碎片撒落到了香格里拉群山之中，变成了许许多多的湖泊。后来，这里的居民们就将这里取名叫“拉姆冬措”，藏语意为“仙女千湖”或“神女千湖”。千湖山是第四纪冰川创造的冰蚀湖，北至碧沽天池，南至三碧海一带，以三碧海和大黑海为中心，湖水静谧，烟波茫茫，向四周散开。千湖山中散落着大大小小 300 多个高原湖泊，分布于海拔 3800 米至 4000 米的地方，面积 40 多平方千米，堪称云南高山湖泊最集中的地方，名副其实的“高原湖泊王国”。这些湖泊有的圆若明镜，有的长似游鱼；有的开阔平坦，有的幽深宁静；有的半环于山洼深处，有的掩映于杜鹃丛中；有的似珠玉成串，有的孤悬于草甸中间；有的怪石露出如鳄鱼探头，有的水色深沉似无底深渊，百态千姿，奇妙诱人。幽静的湖面不时有戏水的各种水鸟飞过，给恬静的湖和清秀的山峦增色。在当地居民的眼里，这湖水是圣洁的，不可亵渎的；湖水可以喝，但不能在湖水里洗手、洗脚、洗杂物，更不能随意丢垃圾。

千湖山外围由连绵不断的雅哈雪山护卫着，它像个英俊的少年，雄健刚毅，神采奕奕，森林间是平坦的牧场，丰厚的草甸中汩汩溪水如同一条条丝带穿行其间，蜿蜒曲折，清澈见底，各种

小中甸千湖山 李东红/摄

植物在阳光和水的作用下呈现各种绚丽的色彩，给人一种宁静和美好的感觉；牧场四周是茂密的高山植被，覆盖着莽莽林海，高大笔直的冷杉、云杉直指蓝天，树下是肥沃的土壤，这里的食物链丰富，生物种类繁多，是一个自然的生物宝库。

每年 5 月下旬至 7 月初，是杜鹃花海盛开的时节，漫山遍野的杜鹃林，娇艳的黄杜鹃、红杜鹃和白杜鹃，花冠硕大，色泽鲜艳，形成一大天然奇观。9 月至 10 月，千湖山一片五彩斑斓，

碧沽天池 李东红 / 摄

是观赏层林尽染风光的最佳时间。在洁白雪山、黄色草甸、五彩溪水和蓝天白云的衬托下，千湖山景区一片诗情画意。站在薄薄的晨雾中，仿佛置身于仙境之中。

目前该片区尚未旅游开发，保留了最为原始的雪山草地、莽莽林海、湖泊美景、杜鹃花海、珍稀花卉和野生生物，这里离尘世喧嚣很远，却离天堂很近，被人们奉为“香格里拉最后的秘境”。

碧沽天池：天池碧玉妆，花海风中舞倩影

2004年电影《无极》摄制组在风景优美的碧沽天池、千湖山一带取景，碧沽天池由此走进大众的视野。

碧沽天池位于小中甸镇联合村境内，属碧沽、吴古、诺南堡、祝公等村民小组的高山牧场。景区入口处距香格里拉市区55千米，可开车直接进入天池核心区域。碧沽天池，藏语称“措琼”，意为小湖。因地处碧沽牧场，遂取名为碧沽天池，海拔3500米，面积0.21平方千米。碧沽天池虽然不大，但呈现出奇异的宁静，湖水如玉，清澈见底，仿佛是四周多姿多彩的花草树木为游客所捧出的一颗纯洁的心魂，可谓“山巅镶明珠，万绿映玉露”。

碧沽天池周围是大片大片的原始森林，多为高大笔直的冷杉、云杉、云南松；天池周围长满了杜鹃林，每年5月下旬至6月底是杜鹃花盛开的时节，湖畔红、黄、白各色杜鹃群芳竞相吐艳，犹如天池所围系的美丽花环，令人心醉；天池北面的缓坡上有近百亩的樱草杜鹃，花色呈紫红和粉红色，樱草杜鹃树干奇小，随地衍生，色泽浓郁，清香飘逸；天池中央有一个椭圆形的小岛，小岛上杜鹃成林，飞禽云集，是黄鸭、麻鸭、黑颈鹤和其他水鸟的理想栖息地，水鸟们在湖中和湖周围的水草中无忧无虑地嬉戏，若隐若现，秀美景观浑然天成；林间大块大块的牧场，绿草茵茵，牛羊徜徉其间，偶闻牧民吟唱的中甸小调；在草甸上，在牧场上，各类鲜花一茬接着一茬地开放，人行其间，信步于彩毯间，阵阵幽香扑鼻而来，让人有超凡脱俗的感觉；碧沽天池四周的山上还盛产红黄两种高山草莓，色泽鲜亮透明，味道鲜美。

小中甸阿布吉措 迪庆州文化和旅游局 / 供图

每年的春夏季节，是碧沽天池最美丽的时候，也是去碧沽天池旅游最佳的时间。

阿布吉：湖水静谧，美景如诗入画来

近年来，随着互联网的发展，阿布吉的神秘雪山、宁静湖泊、连绵花海不断进入游客视野，成为小中甸镇著名景点之一，也因此成为许多徒步爱好者向往的地方。目前，政府正在对阿布吉景区提质升级，争取将其打造成 4A 级景区。项目建成后，景区将集自然观光、休闲度假、户外旅游、住宿营地等多项旅游产品于一体，更好地服务五湖四海的游客。

阿布吉位于香格里拉市区南部小中甸镇和平村境内，景区入口距香格里拉市区 30 千米。“阿布吉”是纳西语，意为“神奇的地方”。这个“神奇的地方”本来说的是“阿布吉措”，即阿布吉湖。相传有一位纳西牧民为了寻找走失的牛群，他顺着牛的脚印来到一个山口，被眼前的美景惊呆了：牛群在仙境般的花海中吃草，在清澈的湖边饮水……牧民惊呼：“阿布吉！”（啊，神奇的地方！）话音未落就下起了绵绵细雨。牧民下山后，向村民述说了山上的美景及高声呼叫会引来下雨的传奇经历。从此，天宝雪山下的那池湖泊就叫“阿布吉措”，流传至今。

阿布吉措海拔 4200 米，三面雪山环绕，湖泊形似一滴露珠掉落在“莲花瓣”里，又恰像一颗宝石镶嵌在大山的怀抱里。神秘的雪山，宁静的湖泊，连绵的花海造就了阿布吉自然秀丽的风景。

景区入口处是号称滇藏茶马古道上入藏第一寺的扎西德吉林，从这里告别 214 国道往沟里去，汽车通到牧场，沿途潺潺流水，野花铺满河边和路旁，随处可见的牛羊悠闲地吃草，牧场上的小木屋升起袅袅炊烟……从海拔 3300 米开始徒步上山，这里一路既有鲜花盛开的草甸，也有陡峭难行的片石山路，爬升到海拔 4200 米，阿布吉措就在眼前，经幡在风中摆动。阿布吉措，一池碧蓝的湖水，清澈无污染，湖的周围是苍翠挺拔的云杉、冷杉，再往上就是高耸的雪山，山和树倒映在湖水中，好一幅美丽的雪山湖泊森林风景画。

CHAPTER 06

奇妙地貌，大自然的诗篇

在迪庆，高山雪水扮演着天然雕塑师的角色。

白水台 和桂全 / 供图

在香格里拉，高山雪水不仅造就了星罗棋布的湖泊湿地，还扮演着天然雕塑师的角色，雕琢出了许多独领风骚、风光迷人的地貌奇观——

白水台：如诗如画，仙境般的梯田

白水台位于香格里拉市东南方 101 千米处的三坝乡白地村，这里群山苍翠，溪流潺潺，壮美的白水台娉娉婷婷地展露在云山山麓之中，占地面积约 3 平方千米，它是我国最大的华泉台地之一。当地纳西族称之为“释卜芝”，意为“逐渐长大的花”。

远眺白水台，像一片巨型的玉镜银屏镶嵌在白地村上方，光芒四射，摄人心魄；近看白水台，宛若一个个盛满琼浆玉露的大银盘层叠山坡，耀眼夺目；举首仰望，有如银雕的山，玉塑的壁，流光溢彩。一层清溪一台诗韵，一台流芳一层神语。

从白水台左边沿着栈道向上攀爬，泉台相接，成垅成丘，鳞次栉比，前方栈道右边一条 20 米高的小“瀑布”悬挂在泉台上，仔细看去，是由无数条很小很小的“瀑布”群组合而成的。“瀑布”的下面，泉台形似一弯新月，清泉盈盈四溢，无疑这是传说中的仙女梳妆的地方。泉台左下侧，一石穹窿，洁白如玉，形如一怀孕女子，是当地群众供奉生殖神的地方。相传，很久很久以前，玉皇母子巡天路经过这里时，小玉皇饿了，吵着要吃奶，皇母放下小玉皇，拿出奶罐，一不小心弄翻了，洁白的奶汁汩汩地流出，化为乳泉淌个不止，把一堵高崖淋润浸白。玉皇母子回到天宫，因惋惜天奶，便叫酿奶神女下凡回收奶汁。好心的神女看到这里的人们生活贫穷，于心不忍。她教这里的人们照白水梯台的模样引水开田，播种五谷。而玉皇却将她化为一尊塑像，背靠云山，永远坐在了这里。小“瀑布”轻柔地飘挂在她身边，层层涓流顺着她娇美的身体飘逸而下，和煦的阳光闪射着的金光，把善良美丽的神女装点得既华贵又妩媚。神女之上，是一片层层相连的玉埂银丘，台地内的泉水清澈见底，犹如一个个明镜镶嵌在白玉之中。顺流而下的沉积物像无数珍珠玛瑙闪烁着夺人心魄的光晕。

哈巴雪山下的白水台

白水台

来到白水台顶，这里地势平坦，周圆约500米，上部青松如盖，翠柏如塔，遮天蔽日；下部十几个泉池清澈明净，几十个小岛似的水碓散布其间，在天光云影的衬托下显得格外秀美。站在平台上，望长天大地，白地平坝四面群山环绕，雄伟的哈巴雪山在天际闪着银光，不禁神清气爽，心胸开阔。从中间人工修建的小路上走过，十多个泉池，一池接一池，泛着微波，“天池”水面上倒映着青山、绿树、奇花，或隐或现，青苔绿荇，如飘带游丝，在水里自在漂摆。

穿过平台来到古树林中，其间设有祭祀台、烧香台，不远处一株巨伞似的柳树下，泉水从地下喷涌而出，而后分股涓涓流下平台，如蛛网交织。细碎水花，滚珠堆玉，蔚为壮观。林间布满一块块平地，那是白地人过“二月八朝白水节”和“火把节”时烧火做饭、娱乐的地方。

从白水台右边顺道下坡，观赏水台，层层叠叠，清冽的水缓缓悠悠泛漫而下，沉淀下来的碳酸钙把整个梯田状的层层台地染得白亮耀眼，竟似千百台迭起的琼台玉阶，又像千百道云波雪浪。泉流滚滚，似乳非乳，浪浪潆潆，是水非水，细细缕织云水态，莹莹石上流不去。每一滴水都像是经过精心雕琢的宝石，每一片涟漪都像是大自然弹奏的乐章。华池边沿，到处逢时盛开着杜鹃、山茶、野牡丹，水台壮丽，奇花鲜艳，水台与鲜花互相衬映，更增添了白水台的神秘魅力，让人仿佛置身于仙境之中，忘却了尘世的烦恼。

用多少优美的文字和诗歌都说不尽白水台的美丽。当然，白水台的魅力不止在泉华之奇，更在于它是东巴文化的发祥地。

白水台

《圣祖东巴什罗传》里说：东巴什罗的故乡是有白天、白地、白山、白海的地方。这无疑说的是有白山白水的香格里拉三坝白地白水台，还有“五百年前一行僧，曾居佛地守弘能”的诗篇，明确指出了东巴什罗在白地开创东巴文化距今已有一千多年的历史了。东巴经文里包罗了文学、历史、地理、宗教、天文、医学、民俗、绘画、舞蹈，等等，是部内容浩繁的象形文巨著。所以，历史上有“不到白地的东巴不算真东巴”的说法。

每年农历二月初八，白水台四周山花烂漫，四面八方的纳西族群众都要汇聚到这里，求神祭天，欢度一年一度的“朝白水”节日。这天，男女老少身着节日盛装，家家户户都会准备丰盛的食物，还邀请亲朋好友共同来庆祝。

“朝白水”节日期间，人们载歌载舞，整个白地都被喜庆祥和的氛围笼罩。

仙人洞：神秘莫测，探秘古老的传说

赤土仙人洞位于香格里拉市巴拉格宗峡谷和碧融峡谷之间的格咱乡那格拉村境内，距市区 80 千米，海拔 2600 米。赤土仙人洞是迪庆境内至今发现的最大的喀斯特地貌溶洞之一，洞深尚未探明，目前可顺利前行至三四千米。

仙人洞外古木参天，树木尽头有一座长 50 余米的由万块大小不一的片石堆砌而成的嘛呢堆，上面刻着六字真言和咒语。洞口高约 10 米，进入洞口，洞中大厅可容数百人，高大的石壁上天生一个脚印，五指俱全，被视为世间少有的奇特景象。洞内有一尊天然钟乳石佛像，因形态酷似弥勒佛，人们以弥勒佛像而敬之。旁有形似水碗的一个小水池，洞顶下垂的石笋尖上有泉水滴入“碗”内，人们把这水称为“神泉”，以饮用此水来祈求吉祥安康。洞厅右侧石窟内有一块天然白石，白石恰似一匹白马，它背负经书翘首遥望，人们称其为“背负经书的白马”。洞厅中央有一浅坑，坑内有一块多棱角的青石，若用这青石锤击浅坑，会有轰鸣声回荡大洞甚至山谷，当地居民视其为“石鼓”，为神灵之物，遇天旱时，常到洞内敲击石鼓求雨。

由此进入洞内深处，曲折前行，上到第二层洞，路径黑暗需小心攀缘而行，这里的钟乳石已发育成形，故而洁白透明。可怕的是里面还有一处宽10余米的大裂谷，深不见底，令人毛骨悚然。小心翼翼地摸索着向前攀爬，上面有一独木桥可过，沿木梯攀缘至第三层洞。进了第三层洞，豁然开朗，那些奇形怪状的钟乳石比前面的更为丰富多彩。这里有一个状如婴儿的钟乳石，被百姓

赤土仙人洞

东土仙人洞之门

当成求子的神娃。石娃旁又有一个两孔心相连的石樽，水从孔中流出，颇有灵气，青年男女常在此占卜爱情之兆……

赤土仙人洞三层，层层相连，洞洞相通，绚丽多姿，奇妙异常。

天生桥：鬼斧神工，大自然的桥梁奇迹

天生桥，藏名称“让琼独赞”，意为天然形成的大石桥，位于独克宗古城东南 10 千米处。“处处桥梁结构成，偏于此处现天生”，呈东西流向的属都河从此穿越地下溶洞，形成了一座天然的石灰岩桥梁，桥高 70 余米，宽约 10 米，长 200 余米，桥面平坦笔直，巍然壁立，十分壮观，实乃大自然的造化。相传，明朝时期，丽江土知府木氏游历此地时，被这一鬼斧神工的天然佳景所吸引，挥毫在石壁上写道：“此胜地，亦佳景也。”

走在桥上，两边峭壁高悬，如刀劈斧削；成群的野鸽和红嘴乌鸦翻飞自如，岩壁上数千处的洞穴，便是它们的栖居地。下至桥底，只见河水自南而北从洞中翻涌而出。洞内钟乳倒悬，洞顶石花朵朵。最为奇者是洞中有一温泉，从岩壁中喷涌而出，与河水混为一流，冷热交替，雾气漫漫，特别是冬季的清晨，水气袅袅，扶摇直上，别是一番景象。离天生桥不远处原来有上下两处天然温泉池，每到秋冬和开春时节，当地人都要带上帐篷，备足酒肉、酥油、鸡蛋、牦牛骨头之类的营养食品，来到天生桥温泉里沐浴、泡澡，场面十分热闹。

天生桥

从天生桥往上走三四千米，便是迪庆著名的千古涌流霞给温泉，此处是一个泡温泉的最佳去处。冬季，远远望去，缓坡上水气蒸腾，像一层薄薄的烟雾，渐渐走近，几十个温泉眼突突喷涌着大小不一的气浪，“泉源上奋，水涌若轮”，岩洞中的温泉形如天锅，澘出的热流恰好囤积在岩洞里，待渐渐注满便又悠悠向外溢出；岩脚下和岩顶上的温泉眼则如莲花开瓣，最大的温泉直径达两米，池水温度最高达 69℃，可煮熟鸡蛋。千年温泉矿脉之上已经开发出十几个木楞结构的温泉澡堂，透露着优雅与别致。

水帘洞：飞珠溅玉，灵动的自然画卷

神川水帘洞位于五境乡境内金沙江畔，这里气候温和，依山傍水，景色绮丽，是藏族群众朝拜的圣地。当地藏族人更爱称之为“赤格姆”，藏语意为“清澈透亮的白水”。水帘洞距香格里拉市区 90 千米，交通很方便。

水帘洞瀑布

水帘洞由石灰岩溶洞和洞内地下暗河组成，溶洞分为出水洞和主溶洞，洞口左侧岩壁上有仙人隐身像，溶洞时而狭窄、时而宽敞，洞顶岩壁上的钟乳石和因滴水而形成的神奇美丽的仙人石碗，真让人拍案叫绝！站在高处抬眼远眺水帘洞全景，只见悬岩青山环绕、绿树掩映，一条飞瀑从水帘洞前垂落直下，其间云雾氤氲，水雾浪花飞舞。这里植被丰富，生态环境良好，环境优美，归真自然，拥有一种古典水乡的山明水秀。

水帘洞是休闲避暑的好去处，水汽和溶洞使人觉得凉爽、恬静，沿途还有休息区供游客休息。这里民风淳朴，好客的当地人会为游客准备各种可口的特色美食，游客一边品尝香甜的酥油茶、凉粉、米线，一边聆听着潺潺溪流水和阵阵松涛，仿佛置身于仙境。

水帘洞攀

CHAPTER 07

历史遗迹，岁月的低语

茶马古道穿境而过，各民族文化相互交融。

迪庆岩画

在漫长的历史长河中，迪庆积淀下无数珍贵的历史遗迹，宛如散落在高原上的璀璨遗珍。

早在七八千年前，迪庆就有人类生息繁衍，境内出土的石棺墓文物，诉说着2300多年前迪庆先民孕育的多彩民族文化。历史上，迪庆作为藏族和其他民族南北交往、东西结合的走廊与要道，茶马古道穿境而过，各民族文化相互交融。

然而，时光无情，部分遗迹历经岁月洗礼已残缺不全。有的毁于战火，有的隐于深山，还有的在新时代浪潮的冲刷下逐渐失去往昔光彩。断裂的桥墩、磨损的石板、褪色的壁画，古色古香却略显破旧的村寨……尽管如此，当我们静静伫立在这些遗迹前，仿佛能穿越时空，触摸到历史的脉搏，领悟到其中珍藏的文明密码，感受到历史的厚重。

史迹斑斑藏故事，千秋熠熠映文明。迪庆的历史遗迹承载着过往的记忆，是民族文化的瑰宝，无论岁月如何变迁，都将永远闪耀在这片神奇的土地上，等待着更多后人去探寻、去发现。

吐蕃铁桥：跨越时空的古桥传奇

从香格里拉市出发，在尼西乡境内，告别214国道，沿香维公路经过尼西黑陶的故乡塘堆、塘满电站、五境水帘洞等景点，来到五境乡春独村与塔城镇其宗村之间的其春大桥，再往上江乡方向走一段路，就来到了位于上江乡木高村的尼嘎阁吐蕃铁桥遗址，对面是丽江玉龙县的塔城乡，历史上叫作“下塔城”，著名

吐蕃古铁桥遗址

的吐蕃铁桥曾建在这两地之间。跨过其春大桥，一个左拐弯，两侧的千仞绝壁形成了一个天然的险要关口，这就是千百年来兵家的必争之地——铁桥石门关（近年有学者研究提出吐蕃铁桥遗址应在离石门关8千米处拖顶乡的车里格村）。

唐贞观年间，吐蕃势力南下，约于唐永隆元年（680年），吐蕃在这里建造了曾经创造世界之最的“万里长江第一桥”，史称吐蕃“神川铁桥”。铁桥的建成，对于吐蕃彻底征服洱海一带

“诸蛮”起了关键性的作用，同时也对后来吐蕃与南诏之间彻底沟通及达成军事盟友又起到了重要作用，书写了一篇吐蕃与南诏友好往来的诗篇。吐蕃与南诏的和亲，进一步增进了友好联系，在加强经济交流的同时，文化也互相渗透，吐蕃文化、南诏文化及汉唐文化在铁桥流域得到交汇。吐蕃铁桥在吐蕃与南诏各民族的交往中起到了历史性的桥梁作用。

原来江中有一巨石耸立，露出水面约 5 米高，成三岔竖立，形如笔架，称笔架石（又称照壁石），其中两岔分别凿有直径约 1 米的圆洞，为“穴石锢铁”之处。1959 年在疏浚金沙江航道时被炸塌，笔架石横卧于原石基座旁江水中，枯水季节，犹见石穴，而两岸“锢铁”遗迹已无存。笔架石东岸右侧，有一岩房平台，长 50 余米，最宽处 15 米，可供相当数量的兵卒守桥之用（1988 年修筑上江至五境公路时被劈去大半）。平台靠里有一岩房，可容 300 来人。平台右下方有一段“之”字形石梯，上通平台，下通金沙江边，为汲水道，石梯用天然石块砌成，石面已被踩得十分光滑（修筑公路时已被炸毁）。笔架石、平台、石梯合而为铁桥遗址，神川铁桥是世界上最早的铁桥之一。

滇藏茶马古道：古韵悠悠，岁月的印记

青藏高原水草丰茂，畜牧业发达，盛产良马；中原物产丰富，盛产茶叶，茶、马均是重要战略物资，各方以物易物，各取所需，成就经久不衰的古道，开创了“茶马互市”先河。

茶马古道梅里段古水古道 斯那伦布 / 供图

茶马古道阿墩子段从嘛呢石堆中穿过

马帮行走在古茶马古道上 徐晋燕 / 摄

茶马古道是马帮写在大地上的诗篇。历史上的茶马古道有三条：一为滇藏道，云南—西藏；二为川藏道，四川—西藏；三为青藏道，陕西—西藏。

滇藏茶马古道，起自云南茶叶产地版纳、普洱、临沧、大理等地，沿途经丽江、中甸、德钦，到西藏芒康、左贡、邦达、昌都、工布江达、拉萨，再经由江孜、帕里、亚东，分别到缅甸、尼泊尔、印度，抵达西亚、西非等地，总里程 4000 多千米，部分路段为今 214 国道，主线的沿途，密布着大大小小的支线。

在迪庆境内，三县均是茶马古道要道，大致分为东线和西线两条主要线路。东线分为两条： 一条线路以下桥头为起点，经中甸独克宗古城—尼西上桥头—德钦奔子栏—阿墩子古城；一条线路以维西塔城为起点，经德钦拖顶—奔子栏—阿墩子古城。西线以丽江巨甸为起点，经维西塔城—保和镇—叶枝—德钦燕门—阿墩子古城。

三条路线在德钦古城阿墩子汇合，跨过佛山乡溜筒江普渡桥，进入梅里石村，翻越梅里雪山察苏拉垭口，进入西藏境内。当前，位于佛山乡的茶马古道梅里段是省级文物保护单位，位于虎跳峡红旗村的十二栏杆古道、虎跳峡永胜村的二十四道拐古道、五境仓觉村的春独古道属县级文物保护对象。

滇藏茶马古道始于 1300 多年前吐蕃南下时期，在古道上，成千上万辛勤的赶马人和马锅头凭借自己的刚毅、勇敢和智慧，日复一日，年复一年，在风餐露宿的艰难行程中，用清悠的铃声和奔波的马蹄声打破了千百年山林深谷的宁静，开辟了一条通往域外的经贸之路。他们既是贸易经商的生意人，也是开辟茶马古道的探险家。

茶马古道既是商贸通道、文化通道，也是政治军事通道。二战时期，滇藏茶马古道再次发挥作用。1942 年，抗日战争进入最艰难阶段，滇缅公路被切断后，援华物资靠人背马驮，从这条古老的道路，再次源源不断输送到抗战前线，发挥了强大的援助能量，有力保障了抗战胜利。

如今古道不再，若想聆听那千年的马蹄声和那倔强不息的故事，不妨到独克宗古城里去参观“香格里拉茶马古道博物馆”。

小中甸木天王城堡遗址：残垣断壁诉往昔辉煌

明洪武十五年（1382 年）明军远征云南，攻克大理后，当时丽江的纳西族首领阿锝率众首先归附明朝，从朱元璋钦赐阿锝木姓开始，第十三代世袭土司木增成为滇西北地区很有影响的纳西族首领，民间称其为“木天王”。木天王的统治势力一度渗入中甸、德钦、乡城、巴塘、盐井、芒康等地。他为巩固统治，沿途修筑了许多兵城和寨子，小中甸城堡就是其中一个典型的屯兵城堡。木天王城堡遗址位于小中甸乡联合村委会贡下自然村西侧，城堡具体始建年代不详，称“年各羊恼寨”。

小中甸作为迪庆境内较广阔而丰腴的草原，是当年木氏土司屯田屯兵的一个好场所。同时，小中甸的地理位置具有较强的战略优势，易攻、便守、利退。“年各羊恼寨”便是木氏土司的大本营，它既是中甸地区最大的领主庄园，又是军事指挥部。

小中甸木土司官府遗址

如今，这个曾为木氏家族遮风挡雨、秣马厉兵的古城堡，尽管喧嚷一时，但终究还是被淹没于蓑草间，已难以想象当年的气势了。古堡遗址留存方形夯筑城墙残垣，周长 1500 米，高约 2 米，厚0.7米，南门左侧残存造型古朴大方的石狮一对，面目残损。根部整齐的墙面仍清晰可见，攀上断垣放眼望去，一个巨大的古堡样的土包矗立在草地上，邻近的那几个散落在城堡周围的土包，错落鼎立，与主城形成众星拱月之势。后面是依山的屏障，前方是一望无际的原野，一条从远山上流下来的河流弯弯地依恋在土包周围，分明是护城河，一块美妙的风水宝地尽现眼前。遗址土包上野草没膝，间或还生长着几蓬栎丛。历经几个世纪的风风雨雨的剥蚀，小中甸木天王城堡已变成了座座土包。

达摩祖师洞：天然崖洞，修行者的圣地

站在其春金沙江大桥边，抬头往西北方向仰望，宛如一尊佛端坐的那座山人称阿海洛山，因达摩祖师洞在此，又称达摩山或当巴圣山。此山树木葱郁，山顶有巨型岩崖，岩崖下方有一排深红色的建筑物，远远看去，仿佛悬挂于崖壁上的一种装饰，那便是建在崖壁上的达摩祖师洞，藏语称“达摩乃”。

达摩山位于维西县塔城镇其宗行政村驻地西北约6000米处，沿着盘山道上行数千米便来到达摩祖师洞前，海拔3080米。仰望灵洞上方巨崖突兀，巍峨壮观，果然“极目悬崖万丈高，巍峨古寺接云霄”。祖师洞建有五层楼，红墙黄瓦，金碧辉煌。进得

达摩祖师洞记事石刻

维西达摩祖师洞

寺内，洞高 32 米、宽 25 米、深 10 米，洞中有一巨石如屏，将洞隔成内外两进，洞顶有石笋悬垂，壁间怪石嶙峋，似异兽蹲伏，形状惊人。山间环境清幽，青松苍翠，山花烂漫，百鸟鸣啭，看不尽禅林风光如画。

达摩祖师洞始建于 1151 年，为祖师洞修禅庵，以石为梯延伸于洞，凿石架木，叠木成寺，距今已有 800 多年的历史。至明末清初，当地僧俗群众在洞外左侧依山就势凿石镂壁，以巨木支撑建房三四间，形成石洞与禅房互为一体的景观。1904 年至 1935 年历时 30 余年，又陆续建起贴壁而上的经堂及僧舍一幢。这种在悬崖上建成的建筑，刀刃山中一古刹，十分空灵飘逸，可谓巧夺天工，让人叹为观止。以达摩祖师洞及洞外经堂僧舍为中心，山下的来远寺和达摩寺恰好在其左右，遥遥相望，形成三足鼎立、互为犄角之势。

达摩祖师洞集印度佛教、汉传佛教、藏传佛教于一体，成为圣山，香客们常进行转山活动，路线以洞口为起点绕山顶一周，路程约 3 千米。因转山活动历来已久，已形成转山的小径。相传每年农历四月初一是达摩祖师的成佛日，届时，香格里拉、德钦、维西、丽江的香客们汇聚而来，不惜长途跋涉，风餐露宿，以完成转山活动为己愿。

1998 年 11 月 16 日，达摩祖师洞被列为省级文物保护单位。

寿国寺：建筑艺术的瑰宝，岁月的见证

清雍正六年（1728 年），中央王朝首次派流官治理维西，康普纳西族土千总禾娘率三江属民归附。为表示对清政府的拥护，次年，禾娘捐资在康普的底括村建寺，取名“寿国寺”，藏语称“扎什达吉林”，当地人称“康普喇嘛寺”，成为藏传佛教噶玛派在滇西纳西族地区的十三大寺之一。1745 年，寿国寺因失火被毁。1770 年，迁至现址重建，后经多次扩建，形成现在的规模。寿国寺位于维西县澜沧江东岸的康普乡格丁洛巴村，当地

维西寿国寺

寿国寺大殿二层的翼角皆擎檐柱

为汉族、傈僳族、纳西族、藏族等民族聚居区，距县城 84 千米。

寿国寺坐东向西，由山门、正殿、侧殿组合成一座四合院，建筑面积约 3500 平方米，占地约 20 亩。建筑群规模宏大，工艺精湛，壁画内容融释、道、儒为一体，是汉族、藏族、白族等民族建筑艺术和多种信仰文化完美结合的典范，同时也是滇西北特殊政教制度的实物见证，具有较高的历史、文化价值和独特的艺术价值。

正殿是整个寺院建筑的中心，为三重檐攒尖顶式木结构，造型为汉式佛殿，内部装修为藏式风格。正殿檐下有密集的斗拱装饰，具有清代汉式楼阁建筑风格，又有藏式寺院的藻井殿堂特色，在装饰技巧上还融进了白族木雕技艺。正殿共有 3 层，第一层为诵经殿，柱头、横梁和柱帽均绘有精美的藏汉图案，左右壁上绘有工笔重彩画，现保存有十幅壁画和一幅隔板画。绘画内容涉及观音、天王、罗汉、地狱黑神、天龙八部及花鸟动物等密宗题材。这些壁画构图严谨、色彩艳丽、用笔流畅，人物形象生动逼真。殿内还供奉着三世佛、大宝法王、二宝法王和莲花生祖师造像。正殿第二层和第三层存放有寺内的经书、法器和贵重器物。二层隔板上绘有 17 幅画和两幅字，正中为转经楼栏，可凭此俯视诵经殿。大殿顶层四角与顶梁之间由空心四颗龙柱支撑，这在寺院雕刻艺术中绝无仅有，足见工艺之精湛。所有建筑横梁都由雕刻和壁画组成，虽历经沧桑仍依稀可见。

2006 年 5 月 25 日，寿国寺作为清代古建筑，被国务院批准列入第六批全国重点文物保护单位名单。

茨中教堂：中西合璧，文化交融之地

从德钦升平镇往维西方向南行 81 千米，汽车缓缓跨过澜沧江大桥，便到了依山傍水、环境幽静的茨中村。村中一座中西合璧的高大建筑，瞬间映入眼帘，这便是国家级文物保护单位茨中教堂。

茨中教堂原址在茨中村南约 15 千米的茨姑村，1905 年在维西、德钦一带发生驱洋教运动，愤怒的群众焚毁了澜沧江、怒江沿岸的 10 所教堂，其中包括茨姑教堂。当时，清政府迫于压力，派兵镇压僧俗民众，反洋教的群众抵抗了三个月，最终被镇压下去，教会因此也获得了赔款。1909 年在茨中村重建教堂，

茨中教堂

茨中教堂内景

茨中教堂正面图

1921 年，茨中教堂竣工，成为天主教“云南铎区”主教座堂，至今保存完好，并于 1989 年由政府拨专款维修，供教徒礼拜及游客参观游览。

这是一座非常精美的建筑，综合了欧式和藏式的风格，中西兼容。教堂坐西向东，为砖石结构法式建筑，整体呈十字形，如意踏跺高 1.3 米，拱形门廊用条石砌成，进深 6 米，宽 3 米，门廊之上再砌成三层钟楼，通高 20 米；楼顶为亭式攒尖顶木结构建筑，用 4 根内柱和 12 根外柱承托脊檩，内外柱间砌有石栏杆；教堂门为双门，高 2.72 米，宽 0.74 米，正殿（礼拜堂）进深 22

米，面阔 12.7 米，殿内由两排六根正方形石柱承托教堂屋脊，两侧设有净身、更衣侧室，教堂屋面用琉璃瓦覆盖。登上钟楼瞭望，茨中美景尽收眼底，还可观览四周群山。

整个建筑以教堂为中心配套组合，中西合璧，主次得体，包括大门、前院、教堂、后院，以及地窖、花园、菜园和葡萄园等，结构紧凑，规模壮观。沿大门筑有外围墙，建筑四周及房间空地，辟花坛，植果木，红绿相映，风雅别致。

传教士曾教当地信教群众种植从法国引种来的葡萄，并传授葡萄酒酿制技术。时至今日，教堂中还保存着当时酿酒的器皿。据介绍，茨中的葡萄品种叫华夫人，又叫玫瑰蜜，是法国波尔多的品种，已经有 500 多年的培育历史，100 多年前由法国传教士带到茨中。原来的波尔多葡萄在法国已经退化变异，却在东方一个遥远偏僻的茨中村里保存下来，造福于民。

同乐村：原生态古寨，时光深处的宁静

傈僳族同乐古寨位于德钦县叶枝镇境内的澜沧江东岸，距叶枝镇政府约 7000 米。同乐村傈僳族村寨的民族特色保存完好，非物质文化遗产大放异彩，傈僳人民热情淳朴，村落景观四季皆斑斓。

同乐村民居建筑系原木搭成，称为“木楞子”，又因地形而建，也叫“千脚落地”。其特点是木头不上漆，不用铁钉，全靠木料之间互相牵制。每栋木楞房子形状如一个大木匣，四面用长

阿尺木刮

叶枝傈僳族同乐古寨

约5至6米长、粗20厘米的圆木相扣而成，屋顶用木板覆盖（也叫房头板），院落周边都用木栅栏围住。房屋多为面对面安置，家家户户的门头上都悬挂着山羊头，用来避邪和装饰，由此可以看出傈僳族与山羊之间的紧密关系。房屋中间设置火塘安放大三脚架灶，主人围着火塘做饭、休息、就寝。在离门口通风处，家家户户都用木板压着琵琶肉。其建筑造型和装饰，给人一种粗犷、敦实、自然的美感，处处以象征意义表达本民族的原始宗教观念，体现了傈僳族与大自然之间的和谐与依存关系。

同乐村对面的山坡是观赏寨子全貌的最佳地点，寨子建在一面山上，从半山腰一直延绵至山顶，整个村寨的房屋呈阶梯状分布，错落有致，炊烟从木屋袅袅升起，给人以温馨的感觉。夏天，核桃树、黄果树和柿子树的浓荫遮盖着傈僳家山寨；秋冬时节，掉光了叶子的柿子树通红地映衬着傈家山寨，如诗如画。

同乐村有一个与众不同的奇特现象，每家每户都有三到四处民居建筑：一是村中用于常住的房舍，二是山上种植采收药材和放牧时使用的住房，三是村下方河边用来储藏和晾干粮食的房屋，四是澜沧江边水田旁收种庄稼时住的“庄房”。这是为了适应他们半耕半牧的劳作方式而创建的半流动居住房屋。

叶枝土司衙门：恢宏的历史篇章

叶枝镇境内曾出现过王氏、李氏、祁氏、禾氏等一些显赫一时的封建领主家族，至今仍遗留下许多古代民居，其中以王氏家

叶枝土司衙门

叶枝土司衙门内院

族最为有名。叶枝王氏土司衙署为历代纳西族世袭土司王氏官邸，300多年间，它的名字一变再变，从“三江土司府”到“三江土司衙署”，再到“三江司令府”，唯一不变的是它位于“三江并流”的核心地带，叶枝王氏土司衙署具备了典型的中原地主庄园气派。该建筑分南北两套二进大院，坐东向西，南为三坊一照壁，一院和三间二层斜楼一幢。北为大门、碉楼、会客厅、公堂、厢房，各为三开间楼四合院，还有黑神殿、经堂、监狱、马厩、后花园等。整个建筑总占地3万余平方米，建筑面积约为5000平方米，有大小近200间房舍。

建筑主次分明，自成院落、门窗格扇做工精巧。四周原筑有围墙，四角建有碉楼，现围墙已毁，碉楼仅存两座；北四合院里，除两座碉楼、厢房、大门还保存相对完整，其他建筑毁损严重，不过轮廓还分明。四合院落为土司会客厅、公堂及住房，屋檐下均有走廊。东楼与南楼转角建有两间隐蔽楼房，并盖有楼顶花园，楼层铺有地砖，属土司头人住所，装饰华丽。东楼有十六级青石台阶，台阶两侧各立一石狮，楼下梁头、柱头、格扇窗均刻有各种雕刻，工艺精细。整座土司府建筑具有纳西民居与白族民居的风格。

1998年，叶枝王氏土司衙署被云南省人民政府公布为省级文物保护单位。

CHAPTER 08

迪庆非遗，璀璨的民族华章

多民族共同生活在一片土地上，创造了丰富多样的民族文化。

迪庆女子服饰

早在 3000 年前，迪庆地区已经进入氏族社会，众多族群在这里辗转迁徙，繁衍生息。境内汉族、藏族、傈僳族、纳西族、白族、彝族、苗族、回族、普米族等 26 个民族共同生活在一片土地上，相互交流，相互影响，创造了丰富多样的民族文化。截至 2023 年 3 月，迪庆州共有非物质文化遗产代表性项目名录 253 项，其中，国家级非物质文化遗产代表性项目名录 8 项，省级非物质文化遗产代表性项目名录 50 项，州级非物质文化遗产代表性项目名录 127 项，县级非物质文化遗产代表性项目名录 68 项。

民族节日：丰富多彩的岁月欢歌

迪庆由于民族众多，节日也很多，主要包括生产性、文娱性和宗教性 3 个方面。主要节日藏族有“藏历新年”“默朗钦波”“萨噶达瓦节”“赛马节”“朝山节”“箭友节”“格冬节”等，纳西族有“二月八朝白水”（“三朵节”）“谷次次”等，傈僳族有“阔时节”“刀杆节”等，彝族有“火把节”“彝族年”，回族有“古尔邦节”等。

另外，各民族还习惯过汉族的春节、清明节和中秋节，成为当地一种独特的节日文化现象。

春节

在迪庆，农历春节是各民族最看重的一个节日，隆重而热烈且时间长。大年初一是春节中最神圣吉祥的日子，焚香、敬酒、

纳西族春节祭山 和晓龙 / 摄

敬茶、诵经，祈祷新的一年全家平安。初一清晨，鸡叫头遍时，不少民族有背春水的习俗。在藏族村庄或初一或初三，清晨，男子无论长幼身着节日盛装齐出动，上神山烧香祭神。中午待男人们归来，妇女们齐聚村口迎接，从此开始了全村人一起过春节的各项活动：说唱、歌舞、赛马、摔跤、转经、做客等。春节期间到处一片欢腾，充分显示家庭和睦、邻里团结的氛围，直至正月十五后，才开始下地干活。

五月端午赛马节

五月端午赛马会是中甸地区藏族一年一度最隆重的民族传统节日。农历五月的高原正是冬去春来，冰雪消融，草原上春风荡漾，鲜花盛开的季节。中甸城乡万人空巷，人们纷纷汇集到五凤山下，搭帐露宿，支锅野炊，邀约亲朋，尽情玩耍。赛马节除了

乡村赛马节 马国伟／摄

举行传统的马术、马技、赛马比赛外，还要举行马具展览、民族服饰展演、物资交流会等各种文化经济贸易活动。三天盛会，人们观看赛马，纵情歌舞，尽情享受。

格冬节

每年农历十一月二十九日，是松赞林寺最隆重的节日，主要举行金刚跳神舞仪式，神秘威严的“羌姆”（面具舞）表演，每年都要吸引上万人观看。在迪庆各寺院的格冬节的时间并不一样，东竹林寺是在每年农历八月二十九日，东旺云登寺是在每年农历九月二十九日。金刚神舞仪式一般举行两天。

德钦弦子节

德钦被誉为“弦子的故乡”，德钦弦子源远流长，具有流畅、豪放、优美、抒情的特点，舞蹈多姿多彩，是康巴特色文化的重要组成部分，是中华民族文化宝库中的一颗璀璨明珠。过去，德钦县于农历五月初七至初九举办文艺调演、服饰表演，各乡镇选派出民间文艺表演队到县城参加比赛，文艺演出内容有德钦弦子、热巴及民间舞蹈等。进入21世纪后，德钦县专门举办德钦弦子节，2018年后称之为“香格里拉·梅里雪山弦子节”，届时邀请西藏芒康县，四川甘孜州得荣县、巴塘县，云南怒江州贡山县，迪庆州香格里拉市、维西县等6个毗邻县（市）文艺团队欢聚梅里雪山，以雄伟的梅里雪山为幕，在弦子故乡点燃激情，悠扬的弦子响彻雪山峡谷，给各族群众带来精彩的视听盛宴。

弦子节

纳西族“二月八朝白水”

“二月八朝白水”是三坝白地纳西族最隆重的传统节日，在纳西族地区影响很大。每年的农历二月初八，当地的纳西族同胞都要倾寨出动，到白水台朝拜白水神，祭祀龙王，请东巴念经；举行歌舞表演等文娱活动。当地的其他民众也纷纷汇集到白水台共同欢度节日，使“二月八”热闹非凡。金江、上江等地和维西纳西族把二月八日称为“三朵节”，是纳西族最为隆重的节日。

傈僳族“阔时节”

“阔时节”是傈僳族最盛大的节日，在每年的 12 月 20—25

三坝纳西族“二月八朝白水”歌舞盛宴 迪庆州非遗中心 / 供图

彝族祭祀 迪庆州非遗中心 / 供图

日举行，为维西县法定节日。“阔时”在傈僳语里是“岁首”的意思，相当于汉族的春节。节日期间会举行射弩比赛、打秋千，“上刀山、下火海”表演。晚上，人们对歌跳舞，通宵达旦。

彝族火把节

每年阴历六月二十四日至二十六日，是彝族的火把节。火把节历时 3 天，夜晚人人燃起火把，手拉手、足跟足围成圈子载歌载舞。在月光下一把把火把，一堆堆熊熊燃烧的篝火，像一颗颗天上的繁星落到人间，到处是火的世界，到处是歌舞的海洋。节日期间进行斗牛、斗羊比赛，小伙子们还进行摔跤比赛。

民族歌舞：舞动的民族风情

迪庆神奇灵秀的山川，得天独厚的生活环境，造就了这里各族人民触景生情、开口成歌、抬腿即舞的天性，也使迪庆被誉为“歌的海洋，舞的故乡”。

迪庆锅庄

锅庄藏语称“卓”，是一种历史悠久的古老舞蹈形式。在古代，“卓”多用于祭坛、盟誓等祭祀活动，歌声嘹亮穿透力强。随着岁月的流逝，“卓”舞的社会功能逐步由酬神娱神转向娱人。锅庄是一种无伴奏的集体舞，自唱自舞，边唱边舞。锅庄曲调低沉典雅，浑厚豪迈，犹如巨浪起伏，舞姿舒展洒脱。每逢重大节日、

中甸锅庄 吴春光 / 摄

建塘锅庄

婚嫁喜庆、迎宾送客、丰收季节等，藏族人都会围着篝火欢乐起舞。锅庄舞分布很广，各地区的跳法差别很大。迪庆境内锅庄特色各异，风格多样，有“中甸锅庄”“奔子栏锅庄”“东旺锅庄”“格咱锅庄”，等等。其中，奔子栏锅庄最负盛誉，曾多次漂洋过海出国演出。

德钦弦子舞

弦子，藏语叫“碧汪”，构造与普通二胡近似，用于伴奏；弦子舞藏语叫“协”。弦子舞的唱词、曲调、舞蹈结合完美，刚柔兼备，音乐曲调大都高亢明亮、粗犷豪放、丰富多彩；旋律欢快流畅，节奏鲜明。弦子舞有着愉悦身心、传播生产技能、劳动知识、生活常识和寓教于乐的功能，人们喜闻乐见。表演时，人

刀赞

弦子舞

江边勒巴舞 李中弥/摄

们围成圆圈按顺时针方向舞蹈，男子边拉弦子边唱边跳，女子以舞彩袖相合，共同表达对美好生活的向往和对幸福未来的憧憬。

热巴舞

热巴舞大约在 11 世纪中后期，由藏传佛教噶举派传入迪庆并流行。相传由噶举派的第二代祖师米拉日巴开创，最初只在寺院跳，用于祭祀和弘法，后来流传到民间，形成多种流派和风格的热巴舞。热巴舞是一门融铃鼓舞、杂剧、哑剧、寓言、歌舞、说唱、杂技、小戏等艺术种类于一体的综合表演艺术，具有较高的表演性、观赏性和艺术性。目前，在迪庆境内流传的热巴舞主要有两类：分布在德钦县云岭乡的“斯农热巴”、香格里拉市五境乡的“子母雄热巴”和“傈僳族热巴”，属于流浪热巴；而

塔城热巴舞

流传于维西县“塔城神川热巴”、香格里拉市上江乡“巴迪、木高傈僳族肋巴舞”、金江镇“下所邑、上所邑纳西族勒巴舞”，属于祭祀热巴；其中“塔城神川热巴”影响最大。

尼西情舞

尼西情舞是一枝独秀于迪庆的艺术奇葩。这种歌舞形式既吸收了弦子舞的潇洒飘逸，又糅合了锅庄舞的稳健豪放，形成了激烈欢快、典雅华丽的艺术风格。过去，尼西情舞主要是男女青年谈情说爱时跳的舞，如今，尼西情舞不再是年轻人的专利，它已走出山乡，舞进“五月赛马会”，跳上了北京的舞台。

傈僳族阿尺木刮

1997 年 9 月，在迪庆藏族自治州举办的 40 年州庆文化艺术节上，维西县演出的“阿尺木刮”夺得金奖。从那时起，州县凡有重要演出，“阿尺木刮”都作为首选节目。后来“阿尺木刮”走出迪庆，走向省城昆明，走向首都北京的舞台，使更多的人领略了“阿尺木刮”的魅力。“阿尺木刮”意为山羊的歌，是傈僳族人民一种无乐器伴奏的自娱性歌舞，自始至终为踏歌起舞，动作和队形多变，节奏强烈，气势豪迈粗犷，曲调有缓有急，音符的跳动幅度大，唱词包罗万象，内容丰富，极富感染力。

维西大词戏

在维西县保和镇，人们时常看到一群戏曲爱好者聚集在一起，吹拉弹唱，排练节目。每当州里、县里举行隆重的庆典之时，这群一身古装打扮的人在迪庆绚丽多彩的民族服饰中，形成一道独特的风景线。然而更让人感到惊奇的是，他们演出的竟然是中国戏曲谱中一个没有文字、符号记载的剧种——维西大词戏。在全

阿尺木刮 何琼辉 / 摄

阿尺木刮 李东红 / 摄

傈僳口弦 索琅农布 / 摄

维西大词戏 普志忠 / 摄

国300多剧种中，维西大词戏可谓独树一帜。它是仅在维西县保和镇独存的一个地方剧种，是中原汉文化传入边地后与当地少数民族文化融合而形成的一种独特剧种，是一块原生态活化石，至今已有百余年的历史了。

民族服饰：匠心独运的华服

迪庆藏族服装具有藏民族服饰共同的特征：宽腰、长袖、大襟、束腰长裙，用毛皮制衣，与现代的服装款式基本相同。男式服装与其他藏族聚居区大同小异，古朴典雅，端庄华贵。而女式服装则不完全相同，深受自然环境、气候特征、生产生活方式及文化交流的影响，可谓“十里不同天，隔村不同服”。奔放洒脱，五彩缤纷，令人目不暇接。

德钦及澜沧江流域的藏族妇女，上身穿宽领无袖长衫，长衫下摆微露出裙穗，胸前边沿及下摆两侧镶提花金边；下身穿深蓝色布料裤子，外穿白蚕绸裙子，内穿长袖衬衫，料子多为丝绸；腰前系羊毛或锦缎制作的七彩“邦垫”（围腰）。

金沙江流域河谷地区的藏族妇女，下身着曳地百褶裙，维西塔城、德钦霞若和拖顶一带为黑色或蓝色，德钦奔子栏和香格里拉尼西、五境一带多用白色，飘逸、舒适、大方；上身穿丝绸领挂，外套绣着长寿图或永恒图的丝织坎肩，以红珊瑚为衣扣，不用高领而以银环扣挂于领口；腰系一条真丝或毛织白花彩带，具有华美、富丽的特色。

迪庆男子服饰

迪庆女子服饰 迪庆州文化和旅游局 / 供图

香格里拉城区的藏族妇女喜爱穿具有特色的青蓝色大襟交领长袍，外面是粉红色锦缎坎肩，岔口镶黑色金绒边，配紧身腰带，前摆及脚，后摆垂直折叠成板式，坎肩右襟大多镶金银颜色的花边，喜用绣花硬领，佩戴银扣；下身是长裤，配白、蓝、黑三色围腰，少女系白色围腰，中年妇女系蓝色围腰，老年妇女系黑色围腰；背披缎面披肩，落落大方。

香格里拉东旺、格咱一带的妇女，上衣多为紧身窄袖燕尾领口，领口及胸襟以金丝缎或彩线和彩条绘成各种图案。东旺妇女一般内穿大襟衬衫，外着紧身十字花氆氇百褶连衣裙，裙子领口用锦缎镶嵌成精美图案，衣袖下摆肘部镶有红、黄、绿三色绒布圈，腰系五色围腰。格咱妇女内穿无领长袖长袍，衣袖肘部镶有十字花氆氇，外着一件无袖大襟坎肩，下着百褶裙，与车旺妇女服饰大同小异做工精细，具有古色古香之美。

香格里拉尼汝妇女，常身着翠绿色毛呢连衣双襟百褶连衣裙，上部为红色，下部为深色，裙长至踝，下摆和两侧镶有白、蓝、黄、深红和粉红五色的布条花边；袖口以红、黄、白、绿、蓝五色镶边；内穿彩色衬衫，外套百花或龙凤彩缎为料的高领金边坎肩，腰系嵌有 20 颗白海螺片的布腰带；肩披锦缎披肩，佩戴各种银首饰，更加艳丽华贵。

与服饰配套的帽子有狐皮帽、红缨帽、三角饰帽、僧帽、毡帽、金边帽，藏靴有松巴、嘎洛和恰洛等，首饰有金、银、玉、珍珠、珊瑚、绿松石、天珠、象牙等制成的耳环、项链、护身盒、头饰、腰带、手镯、戒指等。这些首饰点缀在发际，在颈项间，在手腕上，在衣服上，流光溢彩。

迪庆藏族青壮年男子服饰

迪庆藏族女子百褶裙

傈僳族服饰

迪庆境内傈僳族服饰大致相同，自织麻布是傈僳族传统的主要衣料，大部分都是纯手工制作，一针一线缝制。中华人民共和国成立前，傈僳族大多居住在高寒山区，穿着用麻子剥下的丝皮加工制作的衣服，傈僳族群众叫它“麻布衣”。傈僳族男子服饰上身多为十多个麻布丝纽子对排相扣的麻布对襟短衣；个别地区男子着长衫，下穿一条大裆麻布裤子，有的头戴瓜皮小帽或以青布包头，或不戴帽而喜蓄一绺发辫缠于脑后。特别不可缺少的是，成年男子都要在右腰挂一个用熊、豹等兽皮制成的箭包，用来盛箭。他们身背导弓，给人一种粗犷、洒脱、刚毅、威武的感觉。中华人民共和国成立以后，随着生产的发展，生活的改变，傈僳族人民的服饰发生了明显的变化，传统的自织麻布衣料已逐渐由棉、呢绒、绸缎、化纤等布料所代替。随着社会经济生活的提高，傈僳族青年男女的服饰更加绚丽多彩，散发出独特的魅力。

维西流传的“瓦器器”和“阿尺木刮”两个傈僳族民族歌舞的两类服饰，可以把维西傈僳族的分布情况及古朴大方、典雅秀丽的傈僳族传统服饰展现得淋漓尽致。

“瓦器器”服饰主要分布在保和镇、永春乡、白济汛乡、维登乡、中路乡、塔城镇、攀天阁乡。“瓦器器”男子服饰一般包黑色头帕，身穿麻布黑白条纹大襟短袄，腰系七色麻布彩腰带，下穿蓝色长裤，打绑腿，穿草鞋或赤足，现多穿胶鞋，上身挎“花腊裱”（花挎包），佩腰刀。“瓦器器”女子服饰，头上绕青布或黑布帕子，头帕上交叉斜挂两串“涡楞”（用珊瑚、贝壳、玛瑙、彩珠相间串成的饰物），再在前稍挂一串“涡缅”（用白银制成），即三角银链，直垂到眉梢；双耳悬吊银耳坠，项挂珊瑚项链，身上斜挎精美的“花腊裱”；上衣多穿白色或天蓝色长袖大襟袄，外穿紫色坎肩，年老的妇女也穿黑色坎肩，下穿白褶长裙，裙外系刺绣有花鸟图案的围腰，腰间系白色羊毛带，鞋、袜、绑腿则与男子差异不大。

“阿尺木刮”服饰则主要分布在康普乡及今德钦县的巴迪乡、叶枝镇。“阿尺木刮”男子服饰：头戴“壳扒腊哄”（用羊毛擀制的毡帽），毡帽边沿围绕一圈“洒捕涡缅”（红丝线），蓄长发，也有蓄长发其间用“阿目数吕”（用麦秆编成的装饰物）点

维西傈僳族男女服饰 迪庆州文化和旅游局 / 供图

缀，用锦鸡毛发点缀头顶装饰，形似雄山鸡；内穿大襟白短褂，外穿前襟开口的黑白条纹长衫（用自纺自织的细麻布制成，腰腹以下开口分为三片，左右各一片，后面为一片），腰系羊毛带子，左挎“花腊裱”，佩长刀，右背弩弓、箭包，裤子是大裆宽口裤，裤脚长度与膝盖齐平，膝盖以下打羊毛带或麻带绑腿，过去穿兽皮鞋或山草鞋，现在一般多穿胶鞋，若是已婚男子或独生子，左耳环要坠“那柯”（大的银耳环）。“阿尺木刮”女子服饰：头戴“呙亨”（用蓝布制成的尖角帽），“呙亨”上用“矣玛”（小海贝或鱼牙，这是他们对海洋生物图腾的崇拜）缀成花纹图案，前钉三块“普扁”（直径十厘米左右的银片，象征太阳、月亮），留长发编两辫垂直至腰位，称为“部止”，在“部止”上还要装饰“拉本”（用贝壳制成饰物）；双耳垂吊银质大耳环，项挂三串“来俄马省”（五彩缤纷的珠子，象征星星）；上身穿细白麻布或棉布长袄（象征白云）；外罩紫红坎肩，下穿细白麻布制成的百褶裙，裙外系刺绣的花围腰，腰系白色羊毛带子，肩挎“腊褪”；鞋、袜、绑腿与男子并无差别。

维西傈僳族女子服饰根据各年龄段有所不同，主要表现在头饰和坎肩上，老年妇女头戴“捂卡”，身穿黑色坎肩，中青年女子头戴“呙亨”，身穿紫红坎肩。

傈僳族传统服饰极具特色，是傈僳族文化发展历史的纪实，具有很高的保护和传承价值。维西县“傈僳族服饰”于2013年11月被云南省政府公布列入“第三批省级非物质文化遗产代表性项目名录”。

纳西族服饰

迪庆境内各地纳西族服饰具有一定的地域差异。三坝纳西族的服饰跟香格里拉市江边的纳西族和丽江纳西族有很大区别，尤其是女子服饰，独具风采。男性下着宽大的麻布裤子，上穿白色对襟衫，杂有五彩丝线，青年男子腰束用粗毛线织成的宽腰带，壮年、老年男子系羊皮烟肚兜。而女子上着黑色对襟长衫，用黄红、黄彩布加以装饰，下身着绣有细花边的百褶裙，背揉制的公羊皮，所披的羊皮四肢形状尚保留，以毛色白而为最好，老年妇女服饰颜色大多为白色，服装外喜佩戴打火链、腰刀及各类银器等。妇女头饰十分丰富，最富特色的则是用六至七个圆形银饰缀成装饰品，做工精美，形式独特，华丽富贵，庄重典雅。男子头

三坝纳西族妇女服饰 和桂全 / 摄

戴毡帽和金边绒帽，有的则打包头。

金江镇、虎跳峡镇的纳西族服饰与丽江纳西族服饰大同小异。女穿棉布对襟长衫，着坎肩，穿长裤，系百褶围腰，披缀有圆形饰物，经精心裁剪、挑绣的蛙形羊皮，圆形饰物俗称“星宿”，又叫“披星戴月”，表示纳西族女性的勤劳。羊皮有披带，以白色为底色，多绣以蓝色或黑色图案。男子一般穿汉装。

维西县纳西族服饰受丽江纳西族服饰影响，具有丽江纳西族服饰特点。德钦县纳西族服饰受藏族影响，和藏族服饰基本相同。

彝族服饰

彝族是一个崇尚黑色的民族，服饰以黑色为主色，其他颜色辅之。

彝族支系繁多，各地的服装差异较大，各具特色。已婚女子一般上身穿镶边或绣花的大襟右衽上衣，下身着五彩棉布百褶长裙，裙子下面镶有多层色布。未婚女子多戴缀有红缨和珠料的鲜艳鸡冠帽，鸡冠帽常用布壳剪成鸡冠形状，又以大小数十、数百乃至上千颗银珠镶绣而成，华贵美观。姑娘头上戴这种帽子，表示一生将吉祥如意，充满光明和幸福。迪庆中老年彝族妇女的头饰很有特色，用 1.5 米左右的黑色棉布做成八角圆帽戴于头顶，上身着开襟夹褂，下身穿羊毛或棉布百褶长裙，佩戴大耳环，显得雍容华贵。

彝族青年男子多穿窄袖且镶有花边的右开襟上衣，下着多褶

迪庆彝族服饰 李东红 / 摄

宽脚长裤，头顶留有一绺约一寸长的头发，彝族语称为“子尔”，汉语称之为“天菩萨”。中老年男子用长达丈把的或青或蓝或黑色长布包头，右前方扎成拇指粗的长锥形的布髻，汉语称为“英雄髻”。披风则为男女统一服装，用羊毛毡制成，有单披毡和双披毡之分。

民族工艺：传承千年的技艺

迪庆民间工艺品主要有地毯、糌粑盒、木碗、土陶、银首饰、藏刀、佛像、唐卡及宗教用具等。民间艺人中，最有名的尼西土陶工艺传承已达第 8 代传人，德钦民族工艺传承已达第 18 代传人。

木碗制作

香格里拉市尼西乡上桥头和德钦奔子栏等地的民间手艺人制作木制餐具有悠久的历史，深受藏族群众的喜爱。他们制作的生活用具造型古朴典雅，特别是木碗，色如琥珀，经久耐用，远销西藏、青海、四川、甘肃等地。

陶器制作

境内出土的西周及春秋战国时期的双耳土陶罐等，证明迪庆地区土陶制造历史悠久。今香格里拉市尼西乡塘堆等地生产的黑陶器皿如土锅、土火锅、酥油茶罐、茶壶、土炒锅和土陶火盆等，所承袭的都是古老的生产工艺。用尼西土陶器皿烹饪的食品色鲜味美，迪庆各族群众都喜欢使用尼西土陶器。随着旅游业的发展，

木碗

尼西土陶制作 扎巴 / 摄

迪庆土陶产品已经成为市场上的抢手货。

金属器具制作

迪庆有不少制作金银铜器的工匠，主要打制各种宗教用品、首饰和家具。他们擅长制作的宗教用品有佛塔、佛像、佛龛、佛器，民间日常用品有银制八宝图、银制护身佛盒、银耳环、银手镯、银腰带、银包木碗、银刀、银铃针线筒、银器玉石碗等。这些银制品还备受广大游客的青睐，具有极高的欣赏和收藏价值。

手工造纸技艺

元代以后造纸术传入三坝纳西族地区，将毕昇的造纸术即抄纸法与西藏的浇纸法，在纳西族地区融合，形成了纳西族手工造纸技艺。书写东巴经文的东巴纸和墨是白地的特产之一，其制作传统工艺独具特色。制作东巴纸的原料是一种桃金娘科的灌木，

马具

剥其皮，熬成纸浆，再制成硬括、厚实的东巴纸。这种纸吸墨，不易蛀蚀，易于收藏。

东巴造纸技艺 和桂全 / 供图

CHAPTER 09

物产丰饶，大地馈赠

在迪庆，群山蕴着宝，众水流着金。

江边水稻

迪庆的立体气候形成“一山有四季，十里不同天”的特色，立体生态得天独厚。山顶种青稞，种土豆，养牦牛；山腰种荞麦，种玉米，养羊子；山下种水稻，种麦子，养黄牛。可以说是：群山蕴着宝，众水流着金，物产丰饶。

五谷丰登：大地的恩赐，滋养一方百姓

中甸青稞

青稞，藏语叫作“耐”，分为白青稞、紫青稞两种，冠名为“中甸青稞”。中甸青稞栽培历史悠久，是迪庆高原上藏族人的主要食物。青稞一年一熟，营养丰富，可做成糌粑等食品，也可酿制各种酒类，深受藏族人民的喜爱。中甸青稞营养成分丰富全面，含有高纤维、高维生素、低脂肪、低糖、多种微量元素等多种生理功效成分，具有御寒增力、强身健体的功效，具有预防糖尿病、清肠通便、清除体内毒素等作用。藏族人常说糌粑胜过大鱼大肉，在迪庆的山歌、锅庄、民间故事里，充满了人们对青稞的感恩、礼赞之情。

迪庆青稞产品的一大需求来源于各类寺院，青稞粒、糌粑、青稞酒是三大主祭品。以东竹林寺为例，寺院众诸佛前陈列着上千个大小不一的装满青稞粒的法器曼扎，据了解该法器必须用神赐予的谷物青稞供养；糌粑则是加水后被捏制成山水日月及鬼神形状，供奉于众佛前；青稞酒则倒入法器内直接供奉即可。东竹林寺的壁画上绘有关于青稞的传说，佛像雕塑中有手持青稞麦

中甸青稞

穗者。

在迪庆的民间故事中，青稞也常常被赋予神奇的色彩。例如，有一个故事讲述青稞的由来：一位藏族姑娘在梦中得到神的启示，种下了一粒神奇的种子，最终长出了青稞，为藏族人民带来了丰收和幸福。此外，还有故事提到青稞酒的酿造过程，描述酒曲的神奇功效和青稞酒的神圣地位。这些故事不仅展现了青稞在藏族文化中的重要性，也传递了对大自然和祖先智慧的感恩之情。

迪庆荞麦

迪庆荞麦分甜荞和苦荞两种，栽培历史非常悠久，种植经验也很丰富。荞麦是短日植物，喜凉爽湿润，不耐高温旱风，畏霜冻。在迪庆三县市，海拔在2500米左右的山区都有种植且面积较广。荞麦对土壤要求不严，根系弱，种子顶土力差，要求土层疏松，以利幼苗出土和促进根系发育。荞麦根系发达，吸肥力强，生长速度快，适于新垦地种植。荞麦用途广泛，具有营养、药用、饲用等多种价值。中医学认为荞麦性甘味凉，具有健脾消积、下气宽肠和解毒敛疮的功效。荞麦还是很受人们欢迎的保健食品，可以做面条、饼子、凉粉等可口的食品。

迪庆荞面粑粑是一种用苦荞面制成的特色小吃，外脆内软，微苦回甜，带有浓郁的荞麦香气，当地人常将荞面粑粑蘸蜂蜜食用，这种搭配不仅中和了荞麦的微苦，更增添了甜蜜的风味，寓意着生活的甘甜与美好。每当贵客登门，主人总会端上一盘热气腾腾的荞面粑粑，用这份质朴的美味表达对客人的尊重与欢迎。轻咬一口，荞面粑粑的香气与质感仿佛将人带入那片辽阔的高原，让人感受到迪庆人民的淳朴与善良，以及这片土地独有的自由与宁静。

荞面饼 龙岑 / 摄

果香四溢：甜蜜的自然馈赠

高原藏梨

藏梨是迪庆海拔在2000米到2800米之间的干热河谷地带生长的一种古老的树种，走进藏族村落里，山坡、田野、房前屋后，零星分布的藏梨随处可见。每到春季，一棵棵高大的古梨树上洁白如玉的梨花在暖阳中吐露着芬芳；到了秋季，梨树上黄澄澄的果实累累。藏梨口感柔嫩细腻，味美汁多，甜中带酸，营养丰富。香格里拉东旺的藏梨树龄平均在70年，古树结出的果实味道鲜美，处于半野生状态，受地理环境影响，这里阳光照晒充足，昼夜温差大，结出的梨不容易生虫且含糖度高。

近年来，当地通过深加工将藏梨开发为多种特色产品。这些产品不仅保留了藏梨的原汁原味，还具有润燥消风、润肺止咳、醒酒解毒等功效。其中，藏梨膏的制作工艺复杂，需要经过浸泡、熬煮、沉淀、浓缩等工序，20斤藏梨才能熬制出1斤梨膏。梨膏具有润肺止咳、清热解毒、通便清火、美容养颜、醒酒解毒等保健作用。因其生长环境绿色无污染，深受广大消费者青睐。经过不断地创新、研发，现在的东旺藏梨产品已经由原来单一的梨膏，发展到梨冻、梨糕等多种特色产品，受到越来越多消费者的肯定。

德钦葡萄

德钦县是中国历史上栽种葡萄和酿造葡萄酒最早的地区之一，早在1848年，法国传教士来到德钦茨中村，带来了第一株葡萄苗，并在教堂周围建立葡萄园，用传统法国技艺酿造葡萄酒。此后，葡萄种植逐渐在当地推广和发展。

德钦县位于世界自然遗产“三江并流”腹心地，独特的地貌造就了澜沧江大峡谷，也惠及了德钦葡萄产业。澜沧江干热河谷地区日照长、雨水少、昼夜温差大、海拔高、纬度低且无污染，非常适合葡萄生长。这里的葡萄糖分高、酸度适中，风味独特。德钦县种植的葡萄品种多样，主要包括赤霞珠、霞多丽、美乐、西拉、玫瑰蜜等 16 个优质酿酒葡萄品种。这些品种不仅适合酿造高品质葡萄酒，果肉饱满，汁水丰富，口感多汁，尤其适合采摘鲜食。

到德钦旅游，不仅可以品尝到高品质的新鲜葡萄和葡萄酒，还能参观葡萄园和酒庄，体验葡萄酒酿造过程。雪山映衬下的葡萄园也是一道独特的风景线。

畜牧兴旺：高原的草原珍味

中甸牦牛

牦牛是香格里拉高寒地区的特有品种，迪庆牦牛分两种，即牦牛和犏牛。犏牛是牦牛与黄牛杂交的一代种，具有明显杂交优势，肉、乳生产能力、役用能力不亚于牦牛，属于牦牛范围。牦牛体格健壮，全身长有长毛，尤其是脖颈、前胸和腹部，能在高寒、缺氧、强风的自然条件下生存，被誉为“高原之舟”。牦牛全身都是宝，肉可食，皮可缝制成衣、靴、袋等，牛头可加工成工艺品，牛尾可制作成弹扫灰尘的拂尘，骨骼可用来制作各种中

中甸牦牛

药材，毛可以制作成衣服或帐篷，甚至牦牛粪可以晒干成粪饼用来烧火做燃料，所以藏族人亲切地称牦牛为“诺尔”（宝贝）。

迪庆藏猪

迪庆藏猪又名“藏猪”或“藏香猪”。1978年，云南省农业大学、云南省畜牧兽医研究所及迪庆三县畜牧兽医站联合，对迪庆州猪种资源进行调查，定名为“迪庆藏猪”，属于迪庆的特产。迪庆藏猪是在迪庆高原高寒的地理自然环境气候和饲养条件下，经过长期选育而形成，与当地藏族人生活息息相关，是藏族人生产生活中不可缺少的畜种。饲养管理粗放，主要随牛羊放牧为主，早晚适当补饲。它们生长在海拔3200米以上的高原地区，成年猪平均体重只能长到60公斤。随着来香格里拉的游客日益增多，藏香猪肉的美名也传扬开去。如今，喝泉水、吃山珍成长的藏香猪已经成为香格里拉特色饮食文化的一张名片。

尼西土鸡

尼西鸡属高原小型地方良种鸡，是藏鸡的一种类型，藏语称“绒巴霞”。因产于香格里拉市尼西乡，故称“尼西鸡”。尼西鸡一般散养在青山绿水、山野河谷间，抬头见雪山，低头饮甘泉，因此造就了尼西土鸡娇小的身材，一只养了两年的尼西鸡，也就两斤不到。尼西鸡体型轻小，头尾翘立，胸深突出，背腰平直，体质健实，多为白色、灰白色，少数呈灰黑色，尼西鸡属于肉蛋兼用型鸡。

维西乌骨羊

乌骨羊是在特殊的自然生态环境和特定条件下，经过长期自然繁育而成的。该羊毛、皮、骨、唇舌、口腔均呈黑色是羊中的极品。维西乌骨羊肉质鲜美，黑色素含量丰富，具有滋阴补阳双重保健功能。其肉，益气补虚，用于腰膝酸痛；其骨，祛风止痛，用于风湿、四肢麻木等；其胎盘可益肾、壮阳、补虚、调经，产后滋补有特效，另外心、肝、胆、血、肾、甲状腺等均可入药，全身都是宝。

天赐珍品：大自然的宝藏

东方珍宝冬虫夏草

在迪庆海拔 4000 米以上的雪山草甸上生长着冬虫夏草，俗称虫草。虫草是一种真菌，一般在夏秋季节进入虫体，昆虫越冬期间，虫草菌在虫体内繁殖，翌年夏季从虫体中长出杆状植株来，

迪庆特产虫草

故称“冬虫夏草”。冬虫夏草是我国医药宝库中一味珍贵的中药材，人们常常把它与人参、鹿茸列为三大补品。根据医典记载，虫草性甘、温，入肺、肾，具有益精气，止咳化痰的功效。主治咯血，腰膝酸痛，自汗盗汗，痰多喘咳，病后久虚等症。香格里拉东旺虫草堪比西藏那曲虫草。

菌中之王松茸

松茸，迪庆藏语称“毕沙”，属伞菌口蘑科。全州高海拔地区均有分布，主要产于海拔 3000 米～3500 米的亚高山针叶、阔叶林中，每年 7~10 月为收获期。迪庆松茸以“菇体肥大肉质细嫩，香久味浓，色泽好”而闻名中外，远销多国。松茸富含蛋白质、脂肪、粗纤维，并含有丰富的维生素，具有强身健胃、理

迪庆特产松茸

气化痰、驱虫和抗癌等特殊功效，是家庭和宴席配餐的珍品，被誉为“天赋山珍”。全州松茸年产一般在500吨左右，是云南名副其实的“松茸之乡”。如今，迪庆香格里拉机场顺丰航空全货机航线的开通，使雪域高原优质松茸“飞”出云南，在24小时以内，从山间即可通过空运快速到达全国61个以上主要城市的餐桌。

素中之荤羊肚菌

羊肚菌是著名的野生食用菌，全州大部分林区都有分布。其外形似羊的胃（当地人称羊胃为羊肚子），故称为羊肚菌。羊肚菌不仅营养丰富，味道鲜美，还是治疗消化不良，痰多气短的中药。羊肚菌的营养相当丰富，据测定每100克干羊肚菌就含有蛋白质24.5克。因此，是十分好的蛋白质来源，并有“素中之荤”“菇中之王”的美称。迪庆的羊肚菌产量大，无污染，除了销售到国内外市场，当地藏族人还将其烘干以做节日的佳肴，款待远方的客人。

润肺之宝贝母

在迪庆海拔4000米左右的雪山草甸、灌木丛、草坡上，生长着一种植株矮小、颗粒圆滑形如珍珠的草本植物，它就是被誉为“润肺之宝”的贝母。迪庆常见的贝母有川贝母、梭砂贝母和粗茎贝母3种。盛夏，雪山冰雪消融，草甸百花萌发，是采集贝母的最好季节。贝母味甘苦，性微寒，具有润肺、沁脾、止咳、化痰和止血等神奇功效。迪庆贝母产量大，纯天然，人无法仿造，用于肺部疾病，如肺炎、急慢性支气管炎、咯血等；可生吃，磨成粉与蜂蜜蒸食，效果最佳。

CHAPTER 10

舌尖上的盛宴，迪庆的味觉诗篇

各民族之间互通有无，形成了别具一格的香格里拉特色餐饮。

牦牛肉火锅 龙岑 / 摄

在长期的生产生活实践中，迪庆各族人民靠山吃山、靠水吃水，创造了具有浓郁民族特色的饮食文化；同时，由于“小聚居、大杂居”的居住特点和“茶马古道”的交流融合，各民族之间互通有无、农牧交换，更加丰富了各民族的饮食文化，形成了别具一格的香格里拉特色餐饮。

藏族饮食“四宝”：传统味觉的传奇

糌粑、酥油、茶叶、牦牛肉，被迪庆藏族视为饮食中的“四宝”，是高原珍品佳肴。迪庆有句俗语：糌粑离不开酥油茶。既表述了现实生活情景，又引申为各民族的团结。在迪庆，糌粑、酥油茶和牦牛肉不是藏族人的专利，其他诸多民族的餐桌上平时也少不了糌粑、酥油茶和牦牛肉。

糌粑 源自迪庆第一宝青稞，是藏族农牧民的主食之一。将青稞洗干净并且在太阳下晒干后，倒入铁锅慢慢加热，翻炒，使得青稞能够均匀受热，爆出青稞花，然后用水磨磨成青稞粉，即糌粑。

酥油 来源于迪庆第二宝牦牛和黄牛，从牛奶中提炼出来的酥油，脂肪含量高，能产生大量的御寒热量。曾有人说：“酥油是我们的妈妈！”在藏文里，“妈”与“玛”（酥油）同音，可见酥油在藏族人心中的地位非常高。迪庆人认为牦牛酥油是油类中营养价值最高的。

茶叶 早在吐蕃时期，在松赞干布之曾孙都松芒波杰赞普进

酥油茶、糌粑、荞面饼

入南诏时传入迪庆，与高原的酥油结合，成为藏族人日常生活中不可或缺的饮品。后来下关、普洱等地的茶叶通过茶马古道源源不断销往迪庆。茶叶中含有丰富的维生素和微量元素，具有健胃生津、消食解腻的作用，适合高原饮食结构之需要。酥油和茶叶水打出来的酥油茶极富营养，是迪庆藏族人生活中的第一饮品。正如藏族谚语所云：“饭可一天不吃，酥油茶却不能一天不喝。”

在迪庆藏族聚居区，无论到哪一家，热情好客的主人都会拿出家中最好的酥油茶，恭恭敬敬地捧到客人面前，客人不能轻易拒绝，至少要喝上一碗，以示对主人的尊重。喝酥油茶的规矩，一般是边喝边添，每次不一定喝完，但客人的茶杯总要添满，假如你不想喝，就不要动茶碗，如果喝了一半，再喝不下了，主人把杯里的茶添满后，可以摆在桌上不动，告辞时再一饮而尽，这样才符合习惯和礼节。

牦牛肉 因为牦牛长年生活在海拔3000米以上无污染的高原牧场，完全以自然草料为主食，有时也能吃上虫草、贝母等名贵草药，其肉质细嫩，味道鲜美无比，是名副其实的纯天然绿色食品。同时牦牛肉还富含蛋白质和氨基酸，以及钙、磷等微量元素，脂肪含量特别低，热量特别高，对增强人体免疫力、细胞活力和器官功能有显著作用，其极高的营养价值是其他肉类所无法比拟的，是最好的食用保健食品，被誉为“肉牛之冠”，征服了各地的消费者。

炖牦牛肉 龙岑 / 摄

肉食珍馐：高原风味的传承与创新

口感滑爽琵琶肉

迪庆以藏族为主的诸多民族一直传承着腌制琵琶肉的传统习惯，具体制作方法是：将宰杀后的猪刮毛洗净，开膛取出内脏，剔去包括肋骨、脊椎骨在内的所有骨头，保留完整躯体。然后撒入花椒、胡椒、草果、食盐等调制的佐料面及白酒，轻轻搓揉后，将其缝合，在猪耳朵和鼻孔里塞入小木棍或玉米芯。放几天后，取出木棍，灌一些盐水进去，再塞严，以防生虫。同时在针线缝合处涂上核桃油，如此反复数次后，用石板或木板压上晾干，干后形似琵琶，故名“琵琶肉”。

琵琶肉的制作历史悠久，保存时间长，若不切开，三四年不

烤肉片 龙岑 / 摄

变味。琵琶肉肉色透明，色鲜味香，肥而不腻，风味独特，营养丰富，是迪庆藏族、纳西族、彝族、傈僳族人等待客及家用的上等佳肴。当米饭邂逅琵琶肉，每一口都是唇齿留香，令人回味无穷，堪称味蕾上的极致享受。

柔嫩香脆猪灌肠

迪庆人喜欢用猪肠来灌制各种不同口味的灌肠，具有地域特色的有糌粑血肠、肉肠和米肠三种：糌粑血肠，以粗糌粑、猪血和猪肠为主要原料；肉肠，即香肠，以猪瘦肉、猪血和猪肠为主要原料；米肠，以大米、猪血和猪肠为主要原料。等到杀年猪时，几乎每户人家都要做一些米灌肠，先将猪血放入盐水溶液里，用木棍搅拌，使其不凝固。继之，加入粗糌粑或猪肉或米饭与猪血混合在一起，再放入当地野生薄荷等佐料拌匀后，分批适量地灌入洗净的猪肠里，即放入开水锅内用小火温煮，并不断用细木针刺肠，使之冒出气泡，以免肠衣崩破，煮熟后即可食用。灌肠在食用时切成圆片，或用热油煎炸，或用蒸锅蒸熟。灌肠色泽古朴油亮，香味浓郁，营养价值高，是补血、补气之佳品。

高档补品虫草炖鸡

虫草炖鸡是迪庆藏族的传统菜肴。每当贵客莅临时，都要用虫草炖鸡招待客人。虫草是一种传统的名贵滋补中药材，具有调节免疫系统、抗肿瘤、抗疲劳等多种功效。虫草炖鸡也是迪庆人常食用的药膳，可提高人体免疫力。虫草炖鸡的制作方法是：杀一只鸡，取出肚杂，把5至10根虫草和二两新鲜酥油装入鸡肚内，将鸡肚缝合后用土锅大火烹煮，再用温火煮熟，即可食用；也可将鸡切成块，炖煮时直接放入数根虫草食用。

飘香四溢尼西土锅鸡

尼西鸡肉质鲜嫩，风味独特，富含人体所需的多种氨基酸，是大自然馈赠的美味珍品。

制作尼西土锅鸡时，先在热锅中倒入腊肉炼出的油脂，放入鸡肉翻炒至微微出油，随后加入清水煮沸，撒入适量盐巴和草果调味。待汤汁再次煮开后，将食材连汤带汁舀入尼西黑陶锅中，用小火慢炖。炖尼西鸡，唯有用尼西黑陶锅，才能将鸡肉的鲜美发挥到极致。

大约 20 分钟后，随着锅盖轻轻掀起，一股浓郁的土鸡香气瞬间弥漫开来。鸡汤醇厚，肉质嫩滑，仿佛山间的精灵在舌尖上翩翩起舞，每一口都让人沉醉。

风味独特藏式火锅

藏式火锅作为迪庆藏族逢年过节、招待贵宾时必备的一道美味佳肴，除了美味可口外，还能增添合家欢乐的节日气氛。藏式火锅所使用的锅，是土陶火锅或铜质火锅。藏式火锅的吃法并不像其他火锅一样涮着吃，而是直接把各种荤菜、素菜分层次、分时段堆放在锅里，像一座小山丘。码放好的火锅仿佛变成了一件艺术品，锅内环绕一圈又一圈各式的菜品，色彩斑斓，令人赏心悦目。

藏式火锅配菜的荤菜有牦牛肉、牛舌、猪肉腊排骨、琵琶肉和肉圆子；素菜有竹叶菜、胡萝卜、土豆、莴笋、木耳、松茸、一窝菌等，还要加点粉丝等原料，品种丰富。藏式火锅的汤底通常是用牦牛骨头或藏香猪排骨熬制而成，是火锅香醇的最关键因素。用慢火熬制锅底，不断去掉汤表面的浮油，才能保证汤的色泽清亮，味道可口。而牦牛骨头做的汤营养丰富，喝了补钙还不会发胖。吃藏式火锅，还要搭配经典的藏式小菜和小吃，再来杯香醇的青稞酒，从脚暖到心里。

玉盘珍馐八盘四座

云南省级非物质文化遗产维西县的“八盘四座”传统厨艺，是迪庆州美食类第一个省级非遗，也是多元文化碰撞下维西独特的一种饮食文化。相传“八盘四座”的制作技艺，由清时进驻维西的绿营军汉族军士带入，官兵来自不同地方，做出的菜肴便各有特色，深受当地人喜爱。天长日久，上桌菜肴逐渐被确定为十二道，后取名为“八盘四座”。维西人办宴之时流传着一种款待宾客的习俗，叫作“三叠水”：第一叠水是“四甜品”，第二

八盘四座

叠水是“四冷荤”，第三叠水便是由“八盘四座”组成的压轴主菜。“八盘四座”的十二道菜，代表一年十二个月，“四座”（四大碗）代表一年春、夏、秋、冬四个季节。菜品的摆放也甚是讲究，四个大碗稳立中央，八盘菜围绕四周，有“天圆地方”的寓意。

伴随各民族相交相融，“八盘四座”又糅合进了当地民族朴实而古老的烹调方法，进而使“八盘四座”的烹调技艺更为丰富多彩，既保留了汉族的烹调技艺，又兼备当地少数民族的传统烹饪方法，从而形成了一道独特的，别具风味、受人喜欢的传统食谱。

饕餮大餐牦牛肉全席

牦牛肉富含蛋白质和铁元素，以及胡萝卜素、钙、磷等微量元素，富含人体必需的8种氨基酸，具有天然、有机、肉鲜、味美、风味独特之特点，对增强人体抗病力、细胞活力和器官功能均有显著作用。当地餐饮店“采日月之精华，吸雪山之甘露”，让远方客人品尝到牦牛肉全席大餐。厨师以牦牛全身 30 多个部位的精华为主要原料，并配有多种高原野生食用菌以及高原特色蔬菜，高新科技与传统工艺相结合，通过特制的方法，精心烹调成藏式火锅大餐。食材主要有牦牛刺身、牦牛鞭、牦牛肩肉、牦牛腰花、牦牛肚等多个品种，口味纯正独特。凡到香格里拉品尝过牦牛肉全席的游客，都切身感受到地道的藏家风味，伸出大拇指赞不绝口。

滋味鲜美牦牛酸奶

牦牛酸奶被誉为“长寿食品”。牦牛酸奶是民间非常传统的奶制冷饮，营养丰富，可助消化。纯正的牦牛酸奶多用牦牛奶制

牦牛肉包子 龙岑 / 摄

牦牛肉全席

牦牛酸奶就荞面饼 龙岑 / 摄

作，酸奶表层结为含奶油的黄色硬脂奶皮，扒开奶皮，软嫩黏稠的酸奶洁白如雪，芳香扑鼻，酸甜凉爽宜人。牦牛酸奶的营养比黄牛酸奶丰富，还有抑菌、镇静和催眠的功能，对轻微腹泻也有治疗作用。生活在迪庆高原上的人们，一年四季都能喝到新鲜的牦牛酸奶。酸奶吃法很多，有酸奶拌饭、酸奶拌人参果、酸奶拌荞饼、酸奶拌蜂蜜、酸奶拌土豆等。

迪庆美酒：香韵之境的馥郁芬芳

迪庆这片被雪山与阳光眷顾的土地，也是美酒的天堂。这里不仅有醇厚甘甜的青稞美酒，还有香醇馥郁的江边米酒，更有近年来备受赞誉的干红与干白葡萄酒系列。每一款酒都蕴含着大自然的馈赠与酿酒师的匠心，只需轻轻一嗅，那浓郁的酒香便能让人沉醉其中。

来到香格里拉，怎能错过这杯来自高原的馈赠？在这里，每一滴美酒都承载着历史与文化的底蕴。劝君更尽一杯酒，让这醇厚的酒香与壮美的雪山风光相伴，为你的旅程增添无尽的诗意与激情。

醇香佳酿青稞酒 青稞酒是青稞的又一重要产品，是藏族人民最喜爱的饮品之一。藏族酿酒历史悠久，在漫长的历史进程中，形成了独特的藏族酒文化。迪庆藏族人普遍喜欢饮酒，酒是朋友欢聚及逢年过节喜庆时不可或缺的饮品。

青稞白酒 龙岑 / 摄

迪庆人爱喝青稞白酒，很少有人喝未经蒸馏的“羌”。青稞白酒酒色纯净，清香扑鼻，酒味绵软柔长；青稞酒夏能提神，冬能驱寒。青稞酒喝法很多，有鸡蛋、酥油和青稞酒一起煮来喝的酥油鸡蛋酒，有鸡杂、酥油和青稞酒一起煮着喝的酥油鸡杂酒，有蒸馏鸡酒，这些独具特色的美酒，对人体具有滋补健身的功效。

每逢客人临门，主人必先捧出青稞酒招待；在婚宴或喜庆宴会上，“酒不离歌，歌不离酒。”主人高唱一曲“祝酒歌”，客人答唱一首“赞酒歌”，热烈而又温馨。大家都会举起祝福的美酒，唱起吉祥的歌谣，舞起欢乐的锅庄，祝愿生活更加美好，祝福家人更加幸福安康！这就是古老而常见常新的青稞酒文化。

甘甜芳醇江边米酒 迪庆江边大米做出米粥、年糕、米粉、米豆腐、寿司、锅巴等好多好吃的美食，其中米酒是个很有特色的饮品。迪庆金沙江边出产大米的地方做米酒的历史很悠久。米酒又称甜酒、甜曲酒，只用大米做原料，使用的是甜酒发酵曲，边糖化边发酵。米酒的制作工序简单：首先浸泡糯米，沥干水分后再用清水冲洗干净，蒸煮后待其冷却至30度左右后，用缸装好，用凉开水拌和酒曲，将酒曲、水、米混合均匀，最后装入容器中，压紧，中间挖一个小坑，出酒后就能看到。

发酵好的米酒，酒体清爽透明，入口清甜醇厚，放置几天后，酒香会更浓郁，小饮一口，唇舌留香。米酒具有促进食欲、帮助消化、温寒补虚、提神解乏、解渴消暑等功效。米酒的酒精度多在10%～20%之间，属一种低度酒，口味香甜醇美，含酒精量极少，适合中老年人、产妇、身体虚弱、大病初愈者。常见的米酒饮品有米酒汤圆、米酒荷包蛋、米酒煮蛋等。

葡萄佳酿

160多年前，法国传统的葡萄种植酿造技术与德钦县燕门乡茨中村的本土酿酒文化相结合，开启了德钦葡萄酒与世界的对话之路。高海拔、低纬度的独特地理条件，给酿酒葡萄带来了更多的风味潜力，使德钦成了世界公认的酿造“高端、精品、绿色”葡萄酒的黄金地带。德钦这片最具风土韵味的酿酒葡萄原产地，吸引着越来越多的龙头企业在此深耕，国际各大顶尖品牌纷纷入驻，无数独立酿酒人和飞行酿酒师慕名而来，争相探寻这片雪域高原上的阳光、雨露、空气、土壤、温度，与葡萄酒之间的无限可能。

中国葡萄酒顶尖水平“三剑客”中傲云、圣域均出自德钦，“香格里拉”品牌的典藏干红、西拉干红、生态珍藏干红荣获

葡萄酒 龙岑/摄

“第十届亚洲葡萄酒质量大赛”金奖，美乐干红荣获“第十届亚洲葡萄酒质量大赛”银奖，梅里冰酒荣获国际领袖产区葡萄酒质量大赛金奖、特别奖。“傲云”在国际市场上曾引发一瓶难求的现象。德钦葡萄已经成为一项新兴产业，全县葡萄种植面积稳定在 6600 余亩，产量 3100 多吨，德钦所产的葡萄酒，带着独具

藏餐 龙岑 / 摄

一格的德钦风味，悄然跻身世界葡萄酒一流行列。德钦葡萄酒已经成为新时代“德钦走向世界，世界感知德钦”的一块金字招牌；吸天地之灵气、集日月之精华的德钦葡萄佳酿，也定会像高远包容、坚定纯洁的卡瓦格博雪山，走进越来越多的人的心里。

后记

中国民族文化出版社策划的《中国这么美的 30 个自治州》丛书，是一项极具时代感的创意。它将我国 30 个民族自治州的风土人情一并呈现于读者眼前，大气磅礴且意义非凡，特别是对铸牢中华民族共同体意识的教育大有裨益，能为这样一套丛书添砖加瓦，尽微薄之力，笔者深感荣幸。

退休后，我每年都回到家乡香格里拉，走遍了迪庆的山山水水，搜集了大量关于历史、文化、民族、民俗等方面的第一手资料。特别是 2023 年，我在家乡逗留了 108 天，从盛夏到深秋。在 72 岁的本命年里，我重走长征路，追寻红军在家乡留下的足迹，徒步走完红军从丽江石鼓巧渡金沙江进入迪庆后所走的全程 405 公里，瞻仰了两次战斗遗址，翻越了 3 座海拔 4200 米以上的雪山，深受教育。家乡香格里拉的美，宛如一首悠扬的诗篇、一幅绚丽的画卷、一段永恒的梦幻，深深烙印在我的灵魂深处。香格里拉文旅方面的资料较为丰富，也为写作提供了诸多便利。

初稿完成后，我回到迪庆，重点考察了几处旅游景点，再次参观了“迪庆州红军长征纪念馆”“香格里拉茶马古道博物馆”“迪庆藏族自治州博物馆”等。同时，我征求了迪庆州文化和旅游局领导及有关方面的意见，受到了州文旅局领导和迪庆旅游投资集团领导的高度重视，并提出了宝贵的修改意见。书中未标拍摄者的照片均为本人拍摄，此外，迪庆州文化和旅游局提供了部分风光图片，摄影师李东红、吴春光、江初、董继荣、李志刚、龙岑也提供了精彩的照片。中国民族文化出版社领导和责任编辑赵天对本书的加工润色付出了辛勤的劳动，在此一并表示衷心感谢！

由于篇幅有限，书中对景观的介绍尽量简洁，并省略了一些景点的介绍。我深知自己写作功底尚浅，加之迪庆文化旅游产业发展迅速，思路不断深化，景点建设不断推进，我对一些景区景点的开发情况了解有限，书中难免存在疏漏，恳请读者批评指正。

图书在版编目（CIP）数据

带一本书去迪庆 / 祁继先著 . -- 北京 : 中国民族文化出版社有限公司 , 2025. 7. -- (中国这么美的 30 个自治州). -- ISBN 978-7-5122-2022-5

Ⅰ . K928.974.2

中国国家版本馆 CIP 数据核字第 2025F27N09 号

带一本书去迪庆
Dai Yi Ben Shu Qu Diqing

总 策 划　刘彦明
执行策划　赵　天
作　　者　祁继先
责任编辑　赵　天
排　　版　王韦韦
责任校对　张晓萍
出 版 者　中国民族文化出版社　地址：北京市东城区和平里北街 14 号
　　　　　邮编：100013　联系电话：010-84250639　64211754（传真）
印　　刷　鸿博昊天科技有限公司
开　　本　710mm × 1000mm　1/16
印　　张　18.25
字　　数　202 千字
版　　次　2025 年 8 月第 1 版
印　　次　2025 年 8 月第 1 次印刷
标准书号　ISBN 978-7-5122-2022-5
定　　价　78.00 元